# essentials

*essentials* liefern aktuelles Wissen in konzentrierter Form. Die Essenz dessen, worauf es als „State-of-the-Art" in der gegenwärtigen Fachdiskussion oder in der Praxis ankommt. *essentials* informieren schnell, unkompliziert und verständlich

- als Einführung in ein aktuelles Thema aus Ihrem Fachgebiet
- als Einstieg in ein für Sie noch unbekanntes Themenfeld
- als Einblick, um zum Thema mitreden zu können

Die Bücher in elektronischer und gedruckter Form bringen das Expertenwissen von Springer-Fachautoren kompakt zur Darstellung. Sie sind besonders für die Nutzung als eBook auf Tablet-PCs, eBook-Readern und Smartphones geeignet. *essentials:* Wissensbausteine aus den Wirtschafts-, Sozial- und Geisteswissenschaften, aus Technik und Naturwissenschaften sowie aus Medizin, Psychologie und Gesundheitsberufen. Von renommierten Autoren aller Springer-Verlagsmarken.

Weitere Bände in dieser Reihe http://www.springer.com/series/13088

Ute Rademacher

# Arbeitssucht

## Workaholismus erkennen und verhindern

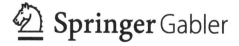

Ute Rademacher
Hamburg, Deutschland

ISSN 2197-6708             ISSN 2197-6716   (electronic)
essentials
ISBN 978-3-658-18924-2     ISBN 978-3-658-18925-9   (eBook)
DOI 10.1007/978-3-658-18925-9

Die Deutsche Nationalbibliothek verzeichnet diese Publikation in der Deutschen Nationalbibliografie; detaillierte bibliografische Daten sind im Internet über http://dnb.d-nb.de abrufbar.

Springer Gabler

Gedruckt auf säurefreiem und chlorfrei gebleichtem Papier

Springer Gabler ist Teil von Springer Nature
Die eingetragene Gesellschaft ist Springer Fachmedien Wiesbaden GmbH
Die Anschrift der Gesellschaft ist: Abraham-Lincoln-Str. 46, 65189 Wiesbaden, Germany

# Was Sie in diesem *essential* finden können

Sie fragen sich....

- ob Sie es schaffen können, mit Freude und Erfüllung Ihren Job zu machen, ohne ständig an die Grenzen Ihrer Belastbarkeit zu kommen?
- ob Ihre beruflichen Aktivitäten eine zu große Rolle in Ihrem Leben einnehmen?
- wie Sie als Vorgesetzte/r für ein gesundes Arbeitsklima in Ihrem Team sorgen können?
- wie Sie als Führungskraft mit Mitarbeiter/innen umgehen, die durch regelmäßige Vielarbeit auffallen?
- wie Sie durch das betriebliche Gesundheitsmanagement Arbeitssucht verhindern können?

Wirtschaftspsychologisch fundierte Antworten finden Sie in diesem *essential.*

# Inhaltsverzeichnis

# Über die Autorin

**Prof. Ute Rademacher** ist Professorin für Wirt-schaftspsychologie an der International School of Management in Hamburg. In ihrer Rolle als Manage-rin bei international agierenden Wirtschaftsunterneh-men sammelte sie praktische Erfahrungen in der Führung engagierter Mitarbeiterinnen und Mitarbeiter.

Neben ihrer Professur für „Psychology & Manage-ment" bietet ihre Agentur COLIBRI Coaching psy-chologisch fundiertes Business Coaching – auch zum Thema Work-Life-Balance – an. In ihren Impulsvor-trägen gibt sie Unternehmen und Praktikern wertvolle Tipps für die Prävention von Arbeitssucht.

# Einführung

1

Eigentlich sind sie der Traum eines jeden Vorgesetzten: Sie arbeiten engagiert und bringen viel Herzblut in laufende Projekte ein, verpassen keinen Abgabetermin und sind auch dabei, wenn kurzfristig zusätzliche Aufgaben anfallen, die nur mit einer weiteren „Zusatzschicht" oder Mehrarbeit im Home Office bewältigt werden kann. Doch selbst wenn sich Unternehmen im Zeitalter immer schneller werdender Prozesse und Entwicklungszyklen Mitarbeiter wünschen, die allzeit bereit, verfügbar und motiviert sind, hat übermäßiges Arbeitsengagement auf Dauer eine dunkle Kehrseite. Nicht nur für die Betroffenen und ihre Familien, sondern auch für das Arbeitsumfeld der Hochengagierten. Denn nach dem Kick, den das Meistern der Angebote auf den letzten Drücker, den unaufgeforderten Extrabeiträgen zur Präsentation oder den freiwilligen Zusatzrollen in Firma, Verein oder Familie erfahren, kann man süchtig werden.

Selbstverständlich sind motivierte Mitarbeiterinnen und Mitarbeiter eine Grundvoraussetzung für wirtschaftlichen Erfolg. Immer mehr Unternehmen und Führungskräfte haben erkannt, dass sie ohne erfahrene, produktive und zufriedene Mitarbeiter dauerhaft keinen Erfolg haben können. Schlechte Stimmung, Krankheitsausfälle, hohe Fluktuation und „brain drain" verursachen hohe Kosten, auch wenn diese in den Bilanzen der Unternehmen selten direkt angeführt werden. Ohne ein hohes Maß an Arbeitsmotivation sind nachhaltig gute Leistungen und das Meistern von Durststrecken nicht möglich. Wenn Menschen jedoch unabhängig von den äußeren Bedingungen übermäßig viel, lange und intensiv arbeiten, deutet dieses Verhalten auf eine bestehende Arbeitssucht hin und nicht auf eine gesunde Arbeitsmotivation.

Das Phänomen, dass es Menschen schwerfällt, abends den Computer herunterzufahren und nach Hause zu gehen, gab den Anstoß, Arbeitssucht wissenschaftlich zu untersuchen. Den Begriff „Workaholism" prägte 1971 der amerikanische Psychologe Wayne Edward Oates als Neologismus, indem er den Begriff der

© Springer Fachmedien Wiesbaden GmbH 2017
U. Rademacher, *Arbeitssucht,* essentials,
DOI 10.1007/978-3-658-18925-9_1

Arbeit (Work) mit dem Suchtcharakter ähnlich dem Alkoholismus (alcoholism) kombinierte. In Deutschland kamen in den 1980er Jahren die ersten psychologischen und medizinischen Untersuchungen zur „Arbeitssucht" auf (Mentzel 1979), auch wenn die Problematik des exzessiven Arbeitens bereits in früheren soziologischen und philosophischen Arbeiten thematisiert wurde. So forderte der französische Sozialist – und Schwiegersohn von Karl Marx – Paul Lafargue in einer Rede das „Recht auf Faulheit" (1883) (vgl. Fetscher 1966). Als „Managerkrankheit" fand Arbeitssucht Eingang in populäre Medien, in denen sie teilweise als „Modekrankheit" abgetan wurde, obwohl gesundheitspsychologische Modelle und wissenschaftliche Studien den Suchtcharakter des exzessiven und zwanghaften Arbeitens unzweifelhaft belegen. Die steigende Zahl psychosomatisch bedingter Erkrankungen (Robert Koch Institut 2015) und Schicksale von Menschen, die bereits vor ihrem 50. Lebensjahr durch einen Schlaganfall oder Herzinfarkt sterben, machen leidvoll darauf aufmerksam, dass Arbeit auch zu viel werden kann, selbst wenn sie einem große Freude und Erfüllung bereitet. Die stark gestiegene gesellschaftliche Bedeutung permanenter Stimulation und Veränderung (vgl. Schulze 2005) und technische Innovationen im Rahmen der Digitalisierung verführen Menschen schnell dazu, die Erlebnisdichte ihres Lebens und Arbeitens diesen Entwicklungen anzupassen. Eine gesunderhaltende Arbeitsweise und gelungene Balance von Arbeit, Freizeit und Auszeit geht in dynamischen Lebensumfeldern schnell verloren.

Deswegen wachsen die Erwartungen an Vorgesetzte und Führungskräfte, das betriebliche Gesundheitsmanagement nicht an Trainer für Rückenschule und Entspannungsübungen zu delegieren, sondern durch geeignete Rahmenbedingungen und ihr Führungsverhalten dafür zu sorgen, dass ihre Mitarbeiterinnen und Mitarbeiter langfristig zufrieden und gesund am Erfolg des Unternehmens arbeiten können (vgl. Dallwitz-Wegner 2015). Und das ausgeprägte Bedürfnis nach konstruktiver Kommunikation, gutem Unternehmensklima und Work-Life-Balance gerade von jungen Nachwuchskräften (Einramhof-Florian 2017; Kienbauminstitut@ISM 2015; Parment 2013; Ruthus 2013) macht deutlich, dass Unternehmen neben einem gesundheitserhaltenden Führungsstil wesentlich mehr bieten müssen, wenn sie im „war for talents" als attraktiver Arbeitgeber punkten wollen.

Dieses Buch gibt Ihnen Anregungen, wie Sie einen gesunden Umgang mit Arbeiten kultivieren können, ohne ihre Freude an der Arbeit einzuschränken. Denn berufliches Engagement und Spaß am Job lassen sich mit klaren Grenzen und Lebensbereichen außerhalb der Arbeit gut vereinen. Im zweiten Kapitel erfahren Sie, an welchen Anzeichen Sie erkennen, ob Sie selbst, Ihre Kolleginnen oder Mitarbeiter von Arbeitssucht gefährdet und bereits betroffen sind. Denn

Arbeitssüchtige erkennt man nicht daran, dass ihnen die Arbeit keinen Spaß mehr bereitet, im Gegenteil. Kap. 3 erläutert den Suchtcharakter der „Arbeitswut", deren Entstehung und Verlauf in Kap. 4 genauer dargestellt wird. Die psychischen und gesundheitlichen Folgen von Arbeitssucht werden in Kap. 5 beschrieben. Hier wird auf die gravierenden Risiken für die Betroffen und Unternehmen hingewiesen, die Arbeitssucht nach sich zieht, wenn Vorgesetzte, Führungskräfte, HR Manager und Firmenlenker nicht für einen guten Umgang mit der Arbeit sorgen. Kap. 8 und 9 stellen Möglichkeiten und Maßnahmen auf der individuellen und organisatorischen Ebene vor, um der Entwicklung von Arbeitssucht vorzubeugen. Sie erhalten neben grundsätzlichen Maßnahmen auch praktische Tipps dafür, wie Sie eine Arbeitskultur von Freude an Leistung mit gesunden Grenzen in Ihrem beruflichen Alltag und Umfeld etablieren können.

# Des Guten zu viel – Wenn berufliches Engagement exzessiv wird

▶ Arbeitsengagement kennzeichnet ein Verhältnis zur Arbeit, das durch Hingabe, Erfüllung und Aufgehen in den Tätigkeiten gekennzeichnet ist. Bei der Arbeitssucht nimmt dieses Engagement einen Suchtcharakter an. Betroffene arbeiten grundsätzlich exzessiv und schaffen es ohne Arbeit nicht mehr, sich wichtig, wertvoll und zufrieden zu fühlen.

Viele Menschen gehen davon aus, dass sich Arbeitssucht an der Zahl der Arbeitsstunden erkennen lässt. Aber nicht alle Menschen, die intensiv und viel arbeiten, sind automatisch arbeitssüchtig. Eine hohe Zahl an Überstunden kann auch dadurch motiviert sein, die nächste Stufe der Karriereleiter erreichen zu wollen oder durch die mit der Mehrarbeit verbundenen Bonuszahlungen das Eigenheim abbezahlen oder die Ausbildung der Kinder finanzieren zu können. Dieses berufliche Engagement, das über das sonstige Maß hinausgeht, ist auf konkrete Ziele ausgerichtet. Sind diese erreicht, pendelt sich die Intensität und Zahl der Arbeitsstunden quasi von alleine auf das ursprüngliche Niveau ein, ohne dass Vielarbeiter etwas vermissen.

Bei Arbeitssüchtigen hingegen ist die Leidenschaft für ihre Arbeit unabhängig von konkreten Zielen. Sie geben immer alles und hängen sich bei allen Projekten und Aufgaben mit Haut und Haar hinein. Sie wägen den eingebrachten Aufwand und die Resultate selten gegeneinander ab, sondern „brennen an beiden Enden", auch wenn eine (Teil)Aufgabe auch mit weniger Aufwand mit ausreichenden Ergebnissen zu bewältigen wäre. Das Arbeiten wird zum Selbstzweck und zur hauptsächlichen oder einzigen Quelle von Selbstbestätigung und Sinnhaftigkeit.

Psychologische Studien haben herausgefunden, dass es bei der Arbeitssucht vor allem darauf ankommt, welchen Stellenwert die Arbeit im Leben einer Person einnimmt und ob sie dazu in der Lage sind, sich mit Leidenschaft, Interesse und Erfüllung auch anderen Lebensbereichen hinzugeben. Erfahren Menschen

© Springer Fachmedien Wiesbaden GmbH 2017
U. Rademacher, *Arbeitssucht,* essentials,
DOI 10.1007/978-3-658-18925-9_2

ein Gefühl von Sinn, Freude und Selbstbestätigung überwiegend oder ausschließlich durch die kleinen und großen Erfolgserlebnisse im Job, macht Arbeit süchtig.
Arbeiten hat dann die psychologische Funktion übernommen, Spannung abzu-
bauen, positive Emotionen von Stolz und Freude auszulösen und Bestätigung zu
erhalten. Die hohe Zahl von Überstunden stellt eher eine Folge als eine Ursache
von Arbeitssucht dar.

## 2.1    Gibt es gute und schlechte Arbeitssucht?

Führungskräfte mögen intuitiv davon ausgehen, dass jeder hochengagierte Mitar-
beiter ein Gewinn für sein Team und das Unternehmen ist. Sie machen freiwillig
Überstunden und murren nicht bei kurzfristig zu erledigenden Zusatzaufgaben.
So wundert es nicht, dass frühe Studien aus betriebswirtschaftlicher Perspektive
„konstruktive" Arbeitssüchtige, deren Arbeitseinsatz den Zielen des Unternehmens dienlich ist, von „destruktiven" Arbeitssüchtigen unterschieden, welche die
Erreichung der Unternehmensziele behindern (z. B. Steinmann et al. 1984). Diese
Studien zeigen jedoch, dass die vermeintlich konstruktiven Arbeitssüchtigen
durch ihren Drang nach immer mehr und immer intensiverer Arbeit die „Logik
arbeitsteiliger Organisationen" (Steinmann et al. 1984, S. 11) untergraben. Denn
ihnen fällt das Delegieren schwer, wodurch die Teamarbeit und Kooperation mit
anderen Mitarbeitern leidet. Sie suchen außerdem oft nach Zusatzaufgaben auch
außerhalb ihres Verantwortungsbereiches und initiieren dadurch Reibungskon-
flikte im Unternehmen. Das Überengagement hat also seinen Preis. Zudem sorgen
beide Typen von Arbeitssüchtigen für ein schlechtes kommunikatives und betrieb-
liches Klima, da der soziale Austausch mit anderen für sie einen geringen Stellenwert innehat und nur „von der Arbeit abhält".

Auch psychologische Studien widmeten sich zu Anfang der Erforschung von
Arbeitssucht der Frage, ob diese immer und ausschließlich negative Seiten hat.
Tiefenpsychologische Ansätze betrachten Arbeitssucht als Ausdruck einer neuro-
tischen Tendenz, welche in der frühkindlichen Entwicklung durch die Reaktionen
der nahen Bezugspersonen entwickelten (Horney 1979). Macht ein Kind negative
Erfahrungen beim Ausleben seiner Persönlichkeit, werden diese zukünftig zu vermeiden gesucht. Dies kann dadurch erreicht werden, aktiv nach Liebe und Anerkennung zu suchen, sich aus Selbstschutz zurückzuziehen oder feindselig und
aggressiv zu reagieren. Aus diesen Strategien resultieren drei unterschiedliche
psychologische Profile von Arbeitssüchtigen:

- Der **nachgiebige und selbstverleugnende Typ** stellt eigene Bedürfnisse zugunsten Anderer zurück und ist stark abhängig von der Bestätigung von Anderen. Sein Verhalten ist durch Zurückhaltung, Rücksichtnahme und Unterordnung gekennzeichnet.
- Der **aggressive und expandierende Typ** versucht Ängste und Unsicherheiten durch kontrollierendes und macht-orientiertes Verhalten auszugleichen. Ein hohes Maß an Durchsetzungsfähigkeit und Härte geben ihm das Gefühl von Sicherheit und Kontrolle im Leben.
- Der **resignierte und distanzierte Typ** vermeidet negative Erfahrungen durch sozialen Rückzug. Im Verhalten sind die Tendenz zur Freiheitsliebe und Konfliktscheue zu beobachten.

Alle drei Typen streben danach, ein idealisiertes Selbstbild zu entwickeln und aufrecht zu erhalten, um sich vor einer Wiederholung der verletzenden und selbstwertschädigenden Erfahrungen zu schützen. Im beruflichen Umfeld führt dies zum Streben nach absoluter Perfektion und dem Wunsch, höchste Ansprüche an sich selbst und andere zu stellen. Diese innerpsychische Dynamik findet sich in späteren psychologischen Modellen der Arbeitssucht in der Dimension des zwanghaften Arbeitens wieder (siehe Kap. 3).

Spätere psychologische Ansätze zur Arbeitssucht lenkten den Fokus von den frühkindlichen seelischen Erfahrungen auf die Einstellungen gegenüber der Arbeit und dem Arbeitsverhalten. Die Forschungsarbeiten von Marilyn Machlowitz (1978, 1980) untersuchten Arbeitssüchtige zum ersten Mal auf empirische Weise. Im Rahmen ihrer Dissertation an der renommierten Yale University führte sie 50 Interviews mit von Arbeitssucht Betroffenen durch. Ihre Analyse wies erstmals nach, dass Arbeitssucht sich nicht quantitativ an der Zahl der geleisteten Überstunden festmachen lässt, sondern an der starken **„Arbeitsbezogenheit"** ihres Lebens und Erlebens. Arbeitssüchtige identifizieren sich stark mit ihrer Arbeit und verfügen über wenig andere Lebensbereiche, die sie als identitätsstiftend erleben. Für Arbeitssüchtige stellt Arbeit den zentralen Lebensinhalt dar, dem andere Bedürfnisse und Lebensbereiche wie Freunde, Familie und Regeneration untergeordnet werden. So erwarten Arbeitssüchtige, dass ihr soziales Umfeld Verständnis dafür aufbringt, dass die Arbeit immer an „Nummer Eins" steht, was in Ehen und Partnerschaften auf Dauer zu Problemen führt. Machlowitz analysierte in ihren Studien auch, welche Faktoren dazu führen, dass Menschen arbeitssüchtig werden und ob sie damit zufrieden oder unzufrieden sind. Sie identifizierte einige Eigenschaften des privaten, beruflichen und organisatorischen Umfeldes sowie der Tätigkeit selbst, welche das Entstehen von Arbeitssucht fördern. Diese Ergebnisse werden in Kap. 4 detaillierter dargestellt.

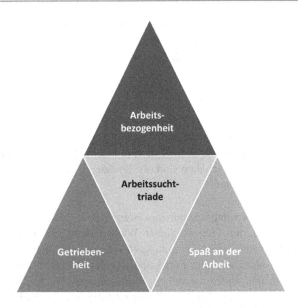

**Abb. 2.1**  Arbeitssuchttriade nach Spence und Robbins (1992). (Eigene Darstellung)

Nachweislich lässt sich Arbeitssucht nicht aus der Zahl der geleisteten Arbeitszeit oder freiwilligen Überstunden ablesen. Entscheidend ist stattdessen der Stellenwert, den die Arbeit im Leben und für den Selbstwert einer Person einnimmt. Von außen ist dies schwer zu erkennen (vgl. Schwochow 1997). Deswegen ist es hilfreich, dass in den Studien von Machlowitz auch **typische Verhaltensweisen von Arbeitssüchtigen** ausfindig gemacht werden konnten. Diese erlauben es Familienmitgliedern, Kolleginnen und Kollegen sowie Vorgesetzten „hellhörig" zu werden, wenn sie diese Verhaltensweisen regelmäßig beobachten (siehe Kap. 3).

Das Modell der Arbeitssuchttriade von Spence und Robbins (1992) bringt die unterschiedlichen Komponenten von Einstellung, Erleben und Verhalten in einen systematischen Zusammenhang (siehe Abb. 2.1).

Das Modell identifiziert drei Eigenschaften, die Arbeitssüchtige aufweisen:

- Arbeitssüchtige sind in ihrem Leben generell stark auf die Arbeit ausgerichtet. Ihr Denken, Planen und Streben bezieht sich in erster Linie auf die Arbeit. Private Beziehungen und Aktivitäten werden „um die Arbeit herum" organisiert. Die berufliche Tätigkeit nimmt einen hohen Stellenwert ein, unabhängig davon, ob ein anstehender Stellenwechsel, die Unsicherheit des Arbeitsplatzes oder Phasen hoher Arbeitsbelastung dies erfordern. Die hohe **Arbeitsbezogenheit** ist bei Arbeitssüchtigen nicht von außen initiiert und zweckgebunden („extrinsische Motivation", vgl. Rademacher 2014), sondern resultiert aus der innerpsychischen Dynamik („intrinsische Motivation"). Arbeitssüchtige arbeiten um des Arbeitens willen und setzen ihre Prioritäten so, dass Aktivitäten, Interessen und Energien immer auf die Arbeit bezogen werden.

- Arbeitssüchtige verspüren einen **inneren Druck,** ständig aktiv zu sein. In den meisten Biografien Arbeitssüchtiger wird dieser Druck im Rahmen der Erwerbstätigkeit ausgelebt. Es gibt jedoch auch Betroffene, die keiner Erwerbstätigkeit nachgehen und ihre Arbeitssucht in privaten Initiativen, Projekten oder ehrenamtlichen Tätigkeiten ausleben. Arbeitssüchtige erleben Zeiten der Untätigkeit am Wochenende oder im Urlaub als unbefriedigend. Sie können gereizt, nervös oder gar aggressiv reagieren, weil sie „Nichtstun" als unangenehme Leere empfinden. Statt Freude über die arbeitsfreie Zeit entstehen bei ihnen ein schlechtes Gewissen und Gefühle von Minderwertigkeit oder Schuld.

- Der **Spaß an der Arbeit** kann bei Arbeitssüchtigen stark variieren. Manche Arbeitssüchtige begründen ihren hohen Einsatz nach außen hin dadurch, ihr Job mache ihnen „eben einfach viel Spaß". Und welcher Vorgesetzte hört dies nicht gerne? Andere Arbeitssüchtige weisen in den Untersuchungen allerdings ein hohes Maß an Unzufriedenheit auf. Spence und Robbins ermittelten in detaillierten Einzelfallanalysen sechs unterschiedlicher Profile (siehe Abb. 2.2), die sich durch mehr oder weniger starke Freude an der Arbeit auszeichnen. Vermutlich spielen hier auch das Stadium und Dauer der bestehenden Arbeitssucht eine Rolle, welche aber erst in späteren wissenschaftlichen Studien untersucht wurden.

Die statistischen Analysen zeigen, dass sich die Profile hinsichtlich Familienstand, Geschlecht, Alter, die berufliche Position ähnelten. Soziodemografische Aspekte entscheiden also nicht darüber, welche Personen von Arbeitssucht gefährdet sind. Deswegen führten die Forscherinnen weitere detaillierte Analysen durch, deren Ergebnisse anschaulich in unterschiedlichen Typen von Arbeitssüchtigen und Gefährdeten dargestellt wurden (siehe Abb. 2.2).

Diese drei Typen stehen den entspannten, unengagierten und desillusionierten Arbeitenden gegenüber, die frei von Arbeitssuchtgefährdung sind. Sie genießen ein wenig auf die Arbeit bezogenes Leben und schreiben anderen Aktivitäten und Lebensbereichen eine wichtige Rolle zu. Im Job sind sie wenig getrieben bei variierender Freude an ihrer Tätigkeit.

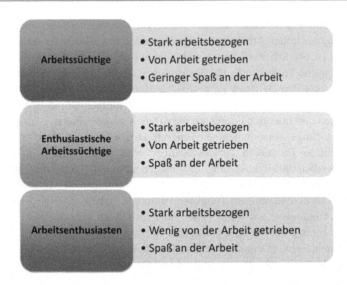

**Abb. 2.2** Unterschiedliche Typen von Arbeitssüchtigen nach Spence und Robbins (1992). (Eigene Darstellung)

Die Studien belegen, dass Arbeitssüchtige im Gegensatz zum Typ des Arbeitsenthusiasten bedeutsam stärkeren beruflichen Stress erleben, einen höheren Grad an Perfektionismus aufweisen und weniger Arbeit an andere delegieren (vgl. auch Clark und Lelchook 2010). Eine Folgestudie (Elder 1991) mit vergleichbarer Methodik zeigte zudem, dass Arbeitssüchtige unzufriedener mit ihrer Arbeit und ihrem Leben sind als Arbeitsenthusiasten, weniger kreativ arbeiten und mit weniger Energie bei der Sache sind. Die Autoren deuten diese negativen Selbstbeschreibungen der Arbeitssüchtigen als Zeichen einer stärkeren Beeinträchtigung im Berufsleben, während die gefährdeten Arbeitsenthusiasten noch weniger deutlich von der Sucht beeinträchtigt sind. Von „gesunden / guten" und „kranken / schlechten" Arbeitssüchtigen zu sprechen, wäre aber unangemessen, da in beiden Studien bei allen drei Profilen negative Folgen süchtigen Arbeitsverhaltens gemessen wurden (z. B. höheres Maß an Stress und erlebter Belastung), die sich bei entspannten, unengagierten oder desillusionierten nicht zeigten.

Auch spätere Studien im Kontext von beruflicher Selbstständigkeit belegen, dass Arbeitssucht immer negative Komponenten – sei es beim Arbeits- und Kommunikationsverhalten, der Einstellung zu Teamarbeit, der geringen Fehlertoleranz oder einem dauerhaft hohen Stressniveau – aufweist und sich dadurch von passioniertem oder engagiertem Arbeiten unterscheidet (vgl. Gorgievski und Bakker 2010; Shimazu et al. 2015).

# Woran erkennt man Arbeitssucht?

▶ Ein Blick auf das Arbeitszeitkonto erlaubt es nicht, Arbeitssüchtige von engagierten Mitarbeitern zu unterscheiden. Am Arbeitsverhalten, dem Umgang mit Fehlern und Freizeit, der Kooperation im Team und in Gesprächen über den Stellenwert der Arbeit können Kollegen und Führungskräfte von Arbeitssucht gefährdete oder betroffene Personen erkennen.

Die Zahl der geleisteten Arbeitsstunden unterschied sich in keiner der genannten Studien (Elder 1991; Spence und Robbins 1992) zwischen Arbeitssüchtigen und engagierten Mitarbeitern. Die Überstunden geben also keinen verlässlichen Hinweis darauf, ob eine Person ein engagierter Kollege ist oder ein suchtgeprägtes Verhältnis zum Arbeiten besitzt. Die Einstellung zur Arbeit und bestimmte Verhaltensmuster charakterisieren das suchthafte Arbeitsengagement (Gorgievski und Bakker 2010; Machlowitz 1978, 1980; Schaufeli et al. 2008):

- Arbeitssüchtige verhalten sich stark **kompetitiv** und auf Durchsetzung bedacht. Dabei wollen sie nicht unbedingt andere dominieren, sondern „in der Sache" immer und in allen Bereichen die Nummer Eins sein. Sie konkurrieren auch da, wo Kooperation notwendig wäre.
- Arbeitssüchtige gewinnen durch ihre Arbeit **Energie und Stimulation.** Pausen und Phasen der Entspannung suchen sie nicht aktiv und haben das Gefühl, diese auch nicht zu brauchen. Der natürliche Rhythmus von Anspannung und Entspannung, Leistung und Regeneration ist bei ihnen ausgehebelt.
- Arbeitssüchtigen fällt es schwer, nicht aktiv zu sein. Sie können **immer und überall** arbeiten und streben auch aktiv danach. Wenn es nichts zu tun gibt, langweilen sie sich schnell. Sie werden unzufrieden und suchen sich weitere Aktivitäten und Aufgaben. Dies ist oft erst auf den zweiten Blick zu erkennen,

© Springer Fachmedien Wiesbaden GmbH 2017
U. Rademacher, *Arbeitssucht,* essentials,
DOI 10.1007/978-3-658-18925-9_3

wenn Arbeitssüchtige vorschützen, mal wieder auch am Abend oder Wochenende arbeiten zu *müssen,* auch wenn es die Aufgaben nicht unbedingt erfordern, oder wenn sie heimlich im Urlaub ihre beruflichen Emails checken, um sich zu versichern, ob „alles in Ordnung" ist.

- Arbeitssüchtige **optimieren** gerne. Sie perfektionieren Abläufe und Strukturen. Sie nutzen ihre Zeit intensiv und optimal. Leerlauf und ruhigere Phasen werden als ineffizient bewertet. Mahlzeiten und Freizeitaktivitäten werden funktionalisiert, sodass der „Business Lunch" und der Barbesuch mit Kunden oder Kollegen eher die Regel als die Ausnahme werden. Sie nutzen technische Hilfsmittel wie Organisationsapps auf dem Blackberry oder Smartphone gerne, um diesen Optimierungsdrang und Beschleunigung ihres Lebens voranzutreiben.
- Arbeitssüchtige sind gerne auf **Hochtouren.** Sie genießen ein hohes Energieniveau. Das gelingt ihnen, indem sie mehrere Dinge gleichzeitig erledigen und „auf allen Hochzeiten tanzen". Sie werden schnell ungeduldig, wenn die Dinge nicht so laufen, wie sie es sich vorgestellt haben. Hobbies, die nach außen den Eindruck der Erholung und des Ausgleichs vermitteln können, werden ebenso intensiv und leidenschaftlich betrieben, sodass keine wirkliche Entspannung eintreten kann. Die Mehrarbeit am Abend oder Wochenende wird dann lediglich in Form der Vorbereitung auf den nächsten Marathon geleistet.

Spätere Studien zur Arbeitssucht gingen noch stärker in die Tiefe und ermittelten zwei unterschiedliche Dimensionen der Arbeitssucht: der **exzessive und zwanghafte Charakter des Arbeitens** (siehe Abb. 3.1).

Der **exzessive Charakter** veranschaulicht, dass sich Arbeitssüchtige immer „mit Haut und Haar" in die Arbeitstätigkeiten hinein begeben. Arbeitssüchtige laden sich viele Aufgaben gleichzeitig auf und haben immer mehrere Eisen im Feuer. Manchmal kann man dies von außen beobachten, wenn mit dem Handy am Ohr gleichzeitig Emails gelesen und Notizen gemacht werden. Häufig findet dieses vermeintliche „Multitasking" eher im inneren Erleben statt, wenn die Gedanken unruhig zwischen einem Projekt und dem nächsten Treffen hin und her springen. Nicht selten sind Arbeitssüchtige – vor allem in früheren Phasen ihrer Suchtdynamik – tatsächlich leistungsfähiger als andere Kolleginnen und Kollegen. Der Stolz auf ihre Erfolge (Pace et al. 1987) sowie Lob und Anerkennung von außen verstärken ihren überdurchschnittlichen Einsatz zusätzlich, bis sich ihr Pensum nicht mehr ohne starken Stress, Krisensituationen und Fehler bewältigen lässt. Arbeitssüchtige testen sozusagen die Grenzen ihrer Leistungsfähigkeit aus und erhalten immer wieder einen Adrenalinkick, wenn sie das Unmögliche

| Exzessives Arbeiten | Zwanghaftes Arbeiten |
|---|---|
| • Ständiger Wettlauf mit der Zeit<br>• Setzen von knapperen Deadlines und höheren Zielen<br>• Stete Beschäftigung suchen<br>• Immer länger Arbeitsphasen ohne Pausen oder Regeneration<br>• Immer mehreren Projekte und Tätigkeiten gleichzeitig nachgehen | • Hartes Arbeiten wird per se als wichtig und richtig erachtet<br>• Gefühl der Verpflichtung zur ständigen Arbeit<br>• Es wird gearbeitet, auch wenn es keinen Spaß macht<br>• Erleben eines ständigen inneren Antriebs und Drucks, aktiv zu sein, „sich nützlich zu machen" und beschäftigt zu sein |

**Abb. 3.1** Exzessives und zwanghaftes Arbeiten nach Schaufeli et al. (2008). (Eigene Darstellung)

möglich machen und schaffen, was sie selbst oder andere bisher nicht zu leisten vermochten. Wie bei anderen Süchten auch (vgl. Kap. 5), müssen sie ihre Dosis immer weiter steigern, um den angenehmen Wechsel von Anspannung und Entspannung zu erleben. So enden die Arbeitsexzesse über kurz oder lang bei Ansprüchen, die faktisch nicht mehr fehler- und schadensfrei zu bewältigen sind.

Der **zwanghafte Charakter** der Arbeitssucht weist darauf hin, dass Arbeitssüchtige aus einem starken inneren Antrieb heraus die Vielarbeit suchen. Sie fühlen sich getrieben und ruhelos, wenn sie nichts zu tun haben. Ein schlechtes Gewissen oder das Gefühl innerer Leere stellt sich ein, wenn sie keine Aufgaben oder Termine vor sich haben. Während ihre Kollegen zufrieden in den Modus der Erholung und Regeneration gehen, ist dies Arbeitssüchtigen nicht möglich. Man erkennt sie häufig daran, dass sie nicht nicht arbeiten können – unabhängig davon, ob es sich um Vielarbeiten im Rahmen der Erwerbstätigkeit, dem Streben nach dem perfekten Haushalt oder die Übernahme viele Posten und Funktionen im Verein handelt.

Für die Berufspraxis findet sich in Kap. 9 eine handliche Checkliste der Watch Outs, mit deren Hilfe Vorgesetzte, Führungskräfte und Gesundheitsbeauftragte für arbeitssüchtiges Verhalten sensibilisiert werden können.

# Wer ist besonders gefährdet?

**4**

▶ Arbeitssucht kann prinzipiell jeden betreffen. Eine zwanghafte Persönlichkeitsstruktur und berufliche Rahmenbedingungen, denen es an klaren Grenzen zwischen Arbeiten und Nichtarbeiten sowie einer Balance beruflicher Anforderungen und Ressourcen mangelt, steigern die Gefährdung.

Grundsätzlich kann Arbeitssucht jeden Menschen betreffen (Gross 2016). Selbst Menschen, die sich nicht in einem geregelten Arbeitsverhältnis befinden, können ihren Drang zu ständiger und vereinnahmender Aktivität in Form von ehrenamtlichen Tätigkeiten, Ämtern in Vereinen oder vielfältigen Rollen im Familienmanagement ausleben. Die Mutter, die für einen perfekten Haushalt zusätzlich zur Koordination von Kita, Schule, Ballettstunden und Judounterricht ihrer Kinder noch die Leitung der Elterngruppe übernimmt oder einspringt, wenn es für das Sommerfest drei Bleche mit Kuchen zu backen gilt, weist dieselben Symptome der Arbeitssucht auf wie viel beschäftigte Managerinnen und Manager im Wirtschaftsleben.

Gleichwohl lassen sich bestimmte Berufsgruppen identifizieren, deren strukturelle Rahmenbedingungen einen idealen Nährboden für die Entwicklung von Arbeitssucht darstellen. In den frühen Studien zur Arbeitssucht wurden neben Akademikerinnen und Akademikern vor allem im Management tätige Personen untersucht, da ihr hohes Maß an Verantwortung, Arbeitsdichte und Stress sie für Arbeitssucht prädestiniert. Da wundert es nicht, dass Arbeitssucht schon in den Wirtschaftswunderjahren der 1960er in Deutschland als „Managerkrankheit" Eingang in populäre Medien fand.

Inzwischen liegen wissenschaftliche Studien vor, die ihr Augenmerk auch auf andere Berufsgruppen richten. So bestätigte Matthey (2013) in ihrer Studie mit 231 Journalistinnen und Journalisten mithilfe eines standardisierten Arbeitssuchtfragebogens, dass Arbeitssucht im Journalismus überdurchschnittlich stark

© Springer Fachmedien Wiesbaden GmbH 2017
U. Rademacher, *Arbeitssucht,* essentials,
DOI 10.1007/978-3-658-18925-9_4

vertreten ist. Die Ergebnisse weisen darauf hin, dass sich Menschen mit einem
hohen Arbeitssuchtpotenzial nicht unbedingt einen journalistischen Beruf wählen,
sondern sich äußere Faktoren und berufliche Rahmenbedingungen wie Zeitdruck,
Jobunsicherheit durch befristete Stellen oder freiberufliche Tätigkeit negativ auf
die Entwicklung von Arbeitssucht auswirken.

Auch Menschen in Gesundheitsberufen und sozialen Berufen sind stärker von
Arbeitssucht betroffen als andere (Kunze 2013; Tewes 2015). Die Grenzen zwischen beruflichem und persönlichem Engagement sind bei Ärztinnen und Ärz-
ten, Pflegenden, Lehrenden und Heilenden wesentlich fragiler und fließender.
Deswegen fällt es ihnen schwererer, eine klare Grenze zwischen Arbeit und Freizeit zu ziehen. Zudem gehen die Erlebnisse und Aufgaben, mit denen sich Menschen in diesen Berufsgruppen beschäftigen, oft stärker „unter die Haut", sodass
die psychische Belastung größer ist als in anderen Berufsgruppen. Und schließ-
lich tragen auch hier die beruflichen Rahmenbedingungen (z. B. Schichtdienste,
Arbeitsplatzunsicherheit, Arbeitsdichte und Zeitdruck) aktiv dazu bei, dass Menschen schneller in den Sog geraten, ständig zu arbeiten und Regeneration zu vernachlässigen.

Um eine Orientierung für das „Massenphänomen Arbeitssucht" zu gewinnen,
unterscheidet Heide (2002) drei verschiedene Berufsgruppen von Arbeitssüchtigen:

- **Die Berufenen:** Erwerbstätige, die einer inhaltlich recht selbstständig zu
  gestaltenden Tätigkeit nachgehen und sich stark mit ihrem Beruf identifizieren:

  - Ärztinnen und Ärzte, die Menschen helfen und heilen möchten,
  - Landwirte, die eng mit ihrer Scholle und ihren Tieren verbunden sind,
  - Politiker mit innerem Engagement für die Sache,
  - Profisportlerinnen und -sportler, die in ihrer Karriere „durchstarten" wollen
    (Lenninghaus 2017),
  - Therapeutinnen und Therapeuten und Lehrende, die sich persönlich stark in
    ihre Arbeit mit anderen Menschen einbringen und
  - Unternehmensvorstände, die sich für die wirtschaftlichen Ergebnisse
    ebenso wie die Jobsicherheit und das Wohlbefinden der Belegschaft per-
    sönlich verantwortlich fühlen.

  Die „Berufung zur Arbeit" führt bei diesen Menschen nicht unbedingt zu
  Arbeitszufriedenheit und einem erfüllten Berufsleben, sondern kann in die
  Überbelastung und Suchtdynamik kippen.

- **Die Kompensierenden:** Erwerbstätige, die durch eine besonders hohe Zahl an
  Arbeitsstunden ihren geringen Entscheidungsspielraum, ihre eingeschränkte

Autonomie und den geringen Verantwortungsgrad ihrer Tätigkeit kompensieren wollen. Sich zeitlich übermäßig in die Arbeit einzubringen geht bei ihnen mit der (oft unbewussten) Hoffnung einher, dadurch wichtig oder gar „unersetzlich" zu werden. Tätigkeiten, die bei manchen Menschen dazu führen, dass ihre Arbeitsmotivation und -zufriedenheit nach und nach sinkt, bewegen die Kompensierenden zumindest für einen gewissen Zeitraum dazu, immer „die Extrameile zu gehen" und dadurch den Mangel an Eigenständigkeit und Verantwortung vermeintlich auszugleichen.

- **Die Außenstehenden:** Personen außerhalb des Erwerbslebens, die sich durch ein übersteigertes Maß an Aktivitäten und Aufgaben außerhalb beruflicher Tätigkeiten an sozialer Anerkennung und Selbstachtung (zurück) gewinnen wollen. Der pensionierte Abteilungsleiter, der durch seine Rollen und Tätigkeiten im Verein die Bestätigung sucht, die er früher durch seinen Beruf erhalten hat, zählt ebenso zu dieser Gruppe wie die hochengagierten Mütter, die Kindererziehung zu einem passionierten Projekt und ihrer hauptsächlichen Lebensaufgabe machen. Aber auch FreiberuflerInnen, die vergleichsweise geringe berufliche Wertschätzung und Anerkennung erfahren, können in die Arbeitssuchtdynamik geraten, wenn sie ihre Position auf dem Nebengleis des Erwerbslebens zu verbessern suchen.

Ein gestörtes Gleichgewicht zwischen den Anforderungen, die berufliches, familiäres oder gesellschaftliches Engagement mit sich bringen, und dem Maß an Unterstützung und Ressourcen, die zur Verfügung stehen, ist der gemeinsame Nenner der förderlichen **Rahmenbedingungen** für Arbeitssucht. Das gesundheitspsychologische „Job Demands-Resources Model" eignet sich besonders gut, um das Risiko von Arbeitssucht als eine Form der negativen Konsequenzen der Dysbalance zwischen Anforderungen und Ressourcen zu erklären (Demerouti et al. 2001; Schaufeli und Taris 2014).

Im Modell (siehe Abb. 4.1) sind positive Zusammenhänge mit einem durchgezogenen Pfeil veranschaulicht, negative Zusammenhänge mit einem gestrichelten Pfeil. Berufliche Anforderungen steigern die Belastung und können zur Überlastung führen. Berufliche und andere Ressourcen senken die Belastung und tragen positiv zur beruflichen Erfüllung bei. Zufriedenheit mit der Arbeit und allgemeines Wohlbefinden sind nur möglich, wenn die Fähigkeiten und Expertise von Arbeitenden ausreichen, um die Aufgaben und Anforderungen von Vorgesetzten, Kollegen und Kunden gut bewältigen zu können.

Das optimale Verhältnis zwischen Beanspruchung und den eigenen Kompetenzen ist auch eine grundlegende Voraussetzung für Flowerlebnisse. In Flowmomenten verschmelzen Menschen gänzlich mit ihrem Tun und gehen

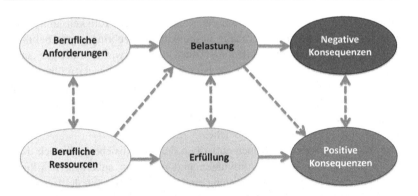

**Abb. 4.1** Das modifizierte Anforderungs-Ressourcen-Modell. (Eigene Darstellung)

ganz in ihrer Tätigkeit auf, was nachweislich zu Glück und Zufriedenheit führt (Csikszentmihalyi 2015).

> „Flow" bezeichnet positives emotionales Erleben bei einer Tätigkeit, das dadurch charakterisiert ist, dass eine Person ganz auf ihr Tun konzentriert ist und darin aufgeht, sich selbst dabei vergisst, das Zeitgefühl weitgehend verloren ist („Die Zeit vergeht wie im Flug"). Dieses emotionale Erleben stellt sich ein, wenn die wahrgenommenen Anforderungen der Tätigkeit den eigenen Fähigkeiten entsprechen. Der Anreiz bei einer solchen Handlung liegt nicht in erwarteten Handlungskonsequenzen (extrinsische Motivation), sondern in der Ausführung der Handlung selbst (intrinsische Motivation) (Gabler Wirtschaftslexikon).

Für eine Balance zwischen Beanspruchung und den eigenen Ressourcen sind nicht nur fachliche und soziale Kompetenzen erforderlich, um Arbeit dauerhaft gut und ohne übermäßige Anstrengungen bewältigen zu können. Folgende Aspekte des Arbeitsumfeldes sind ebenfalls zu beachten:

- Ein angenehmes **Ambiente,** das ungestörtes und konzentriertes Arbeiten ermöglicht (z. B. keine klingelnde Telefone im Großraumbüro),
- Zugang zu den für die Aufgaben erforderlichen **Arbeitsgeräten** (z. B. geeignete Werkzeuge, reibungslos funktionierender Computer),
- Zugang zu **Informationen und Wissen** (z. B. interne Informationen, klares Profil der Anforderungen der Kunden) und
- **Unterstützung und Wertschätzung** durch die Vorgesetzten und Kollegen (z. B. Aufmunterung bei Problemen, Anerkennung von Einsatz und Leistung).

In vergleichbarer Weise gilt dies auch für die Unterstützung, die außerhalb des Erwerbslebens Stehende erfahren, wenn sie sich voller Elan und Passion in das „Familienmanagement" oder die Verbandsaktivitäten werfen.

Hohe und dauerhafte Belastung führt kurz oder lang zur Überforderung und negativen Konsequenzen, unabhängig davon, ob die Menschen dies als unangenehm und belastend empfinden oder nicht. Arbeitssucht ist nicht selten daran zu erkennen, dass die Betroffenen ihren Aktivitäten mit grenzenloser Leidenschaft nachgehen („Ich liebe meinen Job nun mal"). Wer keine ausreichenden Regenerationsphasen mehr erlebt, erbringt über kurz oder lang schlechtere Leistungen, macht mehr Fehler und leidet unter gesundheitlichen Problemen. Die Chancen für stressbedingte Arbeitsausfälle und Leistungseinbußen sowie das Risiko der Arbeitssucht steigen bei dauerhafter Überbelastung, während positive Konsequenzen wie Erfolgserlebnisse und Lerneffekte seltener werden (Poppelreuter 2007).

Unternehmen und Führungskräften stehen unterschiedliche Stellschrauben zur Verfügung, um auch in Phasen hoher Arbeitsbelastung schlechte Leistung, dauerhaften Stress und Arbeitssucht in ihrer Belegschaft verhindern zu können (siehe Kap. 8 und 9). Der Aufbau einer positiven Fehlerkultur, die Anschaffung erforderlicher Materialien und Tools, wirklicher Teamgeist und ein werteorientierter Führungsstil wirken wie ein Puffer gegen Stress und Burn-out (vgl. Dallwitz-Wegner 2015). Eine Unternehmenskultur jedoch, die unbegrenzt Höchstleistungen und Mehreinsatz von ihren Mitarbeiterinnen und Mitarbeitern verlangt und gleichzeitig kein ausreichendes Angebot an physischer, sozialer und emotionaler Unterstützung anbietet, mündet unweigerlich in hohen Raten von Fluktuation, Krankheitsausfällen, Burn-out und Arbeitssüchtigen.

# Arbeitssucht als Form einer Verhaltenssucht

5

> ► Menschen können nicht nur nach Substanzen, sondern auch bestimmten Verhaltensweisen süchtig werden. Neben Videospielen, Sex und exzessivem Einkaufen zählt auch das exzessive und zwanghafte Arbeiten zu den Verhaltenssüchten.

Arbeiten wird in den westlichen Leistungsgesellschaften überwiegend in einem positiven Licht wahrgenommen. „Ohne Fleiß kein Preis" oder „Erst die Arbeit, dann der Schnaps" sind Sprichwörter, die zwar veraltet anmuten, aber immer noch Gültigkeit besitzen. „Work hard, party hard" drückt auf zeitgemäße Weise aus, dass wir uns in unserer Kultur Entspannung und Feiern erst verdienen müssen. Das exzessive Vielarbeiten wird in der psychologischen Literatur häufig als zwanghaftes Verhalten dargestellt, da die Betroffenen wie bei anderen Zwängen auch einen starken inneren Drang verspüren, ein bestimmtes Verhalten zu äußern, und nur so die ersehnte Entspannung finden können. Eine Zwangsstörung gemäß des klinischen Klassifikationssystems ICD-10 liegt jedoch bei der Arbeitssucht nicht vor. Zwangshandlungen werden von den Betroffenen nicht als angenehm erlebt, was beim Vielarbeiten jedoch der Fall ist. Darüber hinaus dienen zwanghaft ausgeführte Handlungen meist dazu, ein objektiv betrachtet unwahrscheinliches Ereignis zu verhindern. So unterbinden Personen beispielsweise das Abbrennen ihrer Wohnung, indem sie zwanghaft alle Stecker aus der Steckdose ziehen, bevor sie ihre Wohnung verlassen. Zwangshandlungen werden nicht geplant und vorbereitet, sondern treten meist spontan und impulsiv auf und werden häufig auf monotone Weise wiederholt. Alle diese Eigenschaften lassen sich bei der exzessiven Vielarbeit nicht finden. Allerdings kann arbeitssüchtiges Verhalten aus einer zwanghaften Persönlichkeitsstörung resultieren (siehe Kap. 6).

© Springer Fachmedien Wiesbaden GmbH 2017
U. Rademacher, *Arbeitssucht,* essentials,
DOI 10.1007/978-3-658-18925-9_5

Auch lassen sich die Konzepte Sucht und Zwang nicht integrieren, denn während die Ausübung einer Sucht höchste Lust ist und vorübergehend befriedigt, ist die Ausübung eines Zwanges eher quälend und wird von den Betroffenen häufig auch als völlig sinnlos erlebt (Poppelreuter 2007).

Arbeitssucht weist jedoch alle Charakteristika einer Sucht[1] auf, selbst wenn sie nicht mit der „chronischen oder periodischen Intoxikation durch eine Droge" (Definition der WHO) verbunden ist (Städele und Poppelreuter 2007). Nicht nur die Einnahme von Substanzen kann zur Sucht führen, auch das grenzenlose Arbeiten:

- **Kontrollverlust:** Arbeitssüchtige haben ein scheinbar unausweichliches Verlangen, viel Arbeit auf sich zu nehmen und sich in ihrer Arbeit zu verlieren.
- **Dosissteigerung:** Arbeitssüchtige neigen dazu, immer mehr und mehr Arbeit zu übernehmen, um den erwünschten Erlebniszustand („Kick") zu erleben
- **Entzugserscheinungen:** Situationen, in denen sie nicht arbeiten können, lösen bei Arbeitssüchtigen Unruhe, Unwohlsein und negative Emotionen (z. B. Schuldgefühle, Gefühl der inneren Leere) aus.
- **Abstinenzunfähigkeit:** Arbeitssüchtige kommen auch krank zur Arbeit (Präsentismus). Sie arbeiten unhinterfragt auch am Wochenende und im Urlaub, nicht selten heimlich.
- **Psychosoziale Störungen:** Arbeitssüchtige vernachlässigen andere Verpflichtungen und Lebensbereiche (z. B. Freunde, Familie, Hobbys) zugunsten der Arbeit.
- **Psychoreaktive Störungen:** Arbeitssüchtige gehen ihrer Arbeitssucht nach, auch wenn dies schädliche Folgen für sie selbst und andere hat und sie sich dessen, theoretisch, auch bewusst sind.

Trotz dieser Ähnlichkeit zum Suchtkonzept des internationalen Klassifikationssystems psychischer Verhaltensstörungen (ICD-10) wird Arbeitssucht (noch) nicht als klinisch relevantes Suchtverhalten anerkannt. Und dies, obwohl erste Studien zur Verbreitung von Arbeitssucht im deutschsprachigen Raum nahelegen, dass schätzungsweise 200.000 bis 300.000 Deutsche arbeitssüchtig sind. Die steigende Zahl von Selbsthilfegruppen der „Anonymen Arbeitssüchtigen" und spezielle Programme in psychosomatischen Rehabilitationskliniken unterstreichen die wachsende Verbreitung von Arbeitssucht (Städele und Poppelreuter 2007).

---

[1]Korrekterweise müsste gemäß der Weltgesundheitsorganisation WHO von „Arbeitsabhängigkeit" gesprochen werden, da die umgangssprachliche „Sucht" in der Medizin mit „Abhängigkeit" oder „Missbrauch" (von Substanzen) bezeichnet wird. Aus Gründen der Einfachheit wird in diesem Buch darauf verzichtet.

# Ursachen für die Entstehung von Arbeitssucht

6

▶ Arbeitssucht entsteht durch besondere Eigenschaften des Vielarbeitens („Droge Arbeit"), Eigenschaften der Betroffenen (psychologische Faktoren) und der beruflichen und sozialen Umwelt, in der Menschen leben und arbeiten.

Der menschliche Körper ist dazu in der Lage, eigenständig bestimmte biochemische Substanzen herzustellen, die in ihrem chemischen Aufbau und ihrer Wirkung Substanzen gleichen, welche sich auf unser Erleben und Verhalten auswirken (sog. psychotrope Substanzen). Diese „körpereigenen Drogen" stillen Schmerzen, mindern oder steigern Angstzustände oder machen wach und fantasievoll. Das Meistern knapper Deadlines oder das Abarbeiten vieler Aufgaben kann zu positiven Reaktionen im Belohnungszentrum unseres Gehirns führen. Stolz, Erleichterung und Anerkennung führen dann dazu, dass Menschen lernen, durch eine Wiederholung exzessiven Arbeitens erneut zu biochemisch ausgelösten guten Gefühlen und sozialer Anerkennung zu gelangen. Auf diese Weise wird durch die inneren und äußeren Verstärker arbeitssüchtiges Verhalten gelernt.

Allerdings ist dieser Mechanismus in den seltensten Fällen allein dafür verantwortlich, dass Arbeitssucht entsteht. Alle wissenschaftlichen Ansätze, eine „Suchtpersönlichkeit" zu erforschen, die grundsätzlich eine stärkere Neigung zu substanzgebundenen und -ungebundenen Süchten hat, gelten heutzutage als gescheitert. In Bezug auf Arbeitssucht hat der Schweizer Medizinsoziologe Johannes Siegrist (1996, 2015) jedoch ein Persönlichkeitsmerkmal der übersteigerten Verausgabungsneigung beschrieben, das Menschen mit höherer Ausprägung dieser Eigenschaft grundsätzlich gefährdeter für Arbeitssucht macht. In seinem Modell der „Effort-Reward-Imbalance" stellt er die Arbeitsanforderungen, die

© Springer Fachmedien Wiesbaden GmbH 2017
U. Rademacher, *Arbeitssucht,* essentials,
DOI 10.1007/978-3-658-18925-9_6

aus dem Arbeitsvertrag, der beruflichen Rolle und den Aufgaben resultieren, den Belohnungen gegenüber, die Menschen für ihre Arbeit erhalten. Damit Körper und Seele gesund bleiben, sollten diese Anforderungen und Belohnung in Balance miteinander stehen. Neben dem finanziellen Tauschgeschäft spielen Arbeitsplatzsicherheit, Wertschätzung, Lob und Anerkennung eine wichtige Rolle für ein ausgeglichenes Verhältnis der beiden Waagschalen (siehe Abb. 6.1). Falls diese Balance nicht gegeben ist, entsteht eine **Gratifikationskrise.** Wenn sich Menschen über einen längeren Zeitraum oder sehr stark verausgaben, ohne dafür in angemessener Weise durch entsprechende Belohnungen (Rewards) entschädigt zu werden, werden sie krank.

Das 2015 erschienene Buch „Arbeitswelt und stressbedingte Erkrankungen" stellt die in internationalen Studien gewonnenen Erkenntnisse vor, welche Folgen berufliche Gratifikationskrisen für die Gesundheit der Arbeitenden besitzen. Das theoretische Modell wurde in diesen empirischen Untersuchungen mittels eines psychometrischen Fragebogens überprüft.

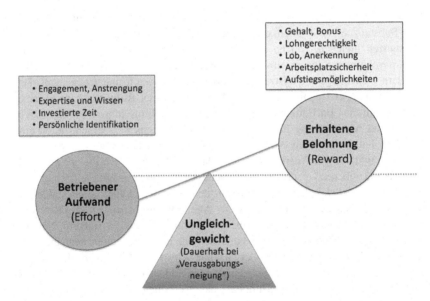

**Abb. 6.1** Das „Effort-Reward-Imbalance-Modell (ERI) nach Siegrist (1996, 2015). (Eigene Darstellung)

**Das gefährliche Ungleichgewicht von Einsatz und Belohnung**
Die Ergebnisse aus vielen Ländern und Kulturen bestätigen, dass Menschen (zu) geringe Belohnung für (zu) hohe Anforderungen unter bestimmten Bedingungen zwar tolerieren, von den gefährlichen Folgen dieser Dysbalance wie stressbedingte Erkrankungen, Burn-out und Arbeitssuchtrisiko aber nicht verschont bleiben.
Menschen tolerieren ein Ungleichgewicht von ihrem Einsatz und den erhaltenen Belohnungen, wenn…

- sie aus ökonomischen Gründen keine Alternative haben,
- wenn sie mit einer höheren Belohnung zu einem späteren Zeitpunkt rechnen („Gratifikationsaufschub") oder
- wenn sie oder durch ihre Persönlichkeitsstruktur grundsätzlich dazu neigen, sich zu verausgaben.

Die übersteigerte Verausgabungsneigung („over-commitment") versteht Siegrist als ein zeitlich stabiles Persönlichkeitsmerkmal, das vom beruflichen Umfeld relativ unabhängig ist. Menschen mit dieser Neigung werden mit höherer Wahrscheinlichkeit arbeitssüchtig als andere Menschen, unabhängig davon, in welchem Berufsfeld sie arbeiten oder ob sie angestellt oder selbstständig tätig sind. Nichtsdestotrotz sind Menschen mit hoher Verausgabungsneigung empfänglicher für Anreize des ständigen Mehrarbeitens in ihrem beruflichen Umfeld. Daraus folgt, dass sie – bewusst oder unbewusst – Berufe und Tätigkeitsfelder suchen, die ihnen die Möglichkeit der Verausgabung ermöglichen (siehe Kap. 4).

Es macht zudem einen Unterschied, ob ein Unternehmen eine Person mit hoher oder geringer Verausgabungsneigung zur Führungskraft und damit auch zum Vorbild für ihre Mitarbeiter macht. Durch die Nachahmung des Verhaltens der Führungskraft („soziales Lernen") und die Belohnung von exzessivem Arbeiten durch Lob und Anerkennung („operantes Konditionieren") kann arbeitssüchtiges Verhalten von Kollegen und Vorgesetzten zusätzlich gefördert werden (vgl. Rademacher 2014).

Neben biochemischen und persönlichen Faktoren spielt die Unternehmenskultur eine große Rolle bei der Entwicklung von Arbeitssucht. Organisationen und Branchen, deren Selbstverständnis und Mission von Werten wie Fleiß, Einsatz und Selbstaufgabe geprägt ist („Ohne Fleiß kein Preis"), nähren die „innere Erlebenswelt des Workaholics" (Poppelreuter 2009, S. 12). So wundert es nicht, dass Personen, die im sozialen Bereich und Gesundheitswesen tätig sind, und auch Selbstständige überdurchschnittlich stark von Arbeitssucht betroffen sind (Schwochow 1997). Das Arbeitsumfeld von Arbeitssüchtigen zeichnet sich durch hohe Anforderungen bei einem gleichzeitigen Mangel an sozialer Unterstützung aus (Schaufeli et al. 2008). Ob Arbeitssucht zu Rückzug und sozialer Isolation am Arbeitsplatz führt oder umgekehrt der Mangel an sozialer Unterstützung das Risiko von Arbeitssucht steigert, ist dabei noch nicht ganz geklärt.

Dass bei arbeitssüchtigen Personen oder in einer arbeitssüchtigen Unternehmenskultur die Bedeutung des Arbeitens für die gesamte Lebenszufriedenheit aus den Fugen geraten ist, verdeutlichen Ansätze zur Arbeitsethik (z. B. Cherrington 1980; Porter 2004; siehe Abb. 6.2).

Nimmt die Arbeit einen hohen Stellenwert ein und „überschattet" die Bedeutung anderer Lebensbereiche, sind die Weichen für die Entwicklung von Arbeitssucht gestellt. Eine starke und gesundheitsförderliche Arbeitsethik ist dann gegeben, wenn die Arbeit bedeutungsvoll und sinnstiftend gestaltet ist, gleichzeitig die Rahmenbedingungen, das Organisationsklima und das Führungsleitbild im Unternehmen dazu beitragen, dass Arbeiten nicht den einzigen Sinn im Leben der Mitarbeiterinnen und Mitarbeiter darstellt.

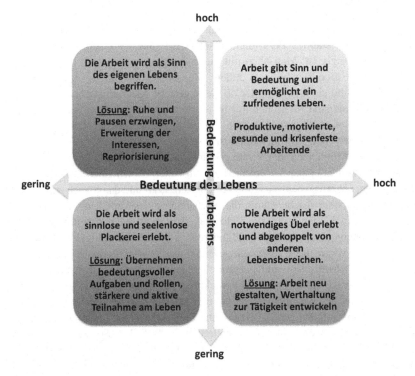

**Abb. 6.2** Die „Bedeutungsmatrix" nach Cherrington (1980). (Eigene Darstellung)

# Die gefährlichen Folgen von Arbeitssucht

# 7

▶ Arbeiten ohne Grenzen macht auf die Dauer krank. Wissenschaftliche Studien weisen ein höheres Risiko für Herz-Kreislauf-Erkrankungen, chronische Schmerzen und andere psychovegetative Störungen nach. Langfristig sinken die Konzentrationsfähigkeit, Arbeitsleistung, Belastbarkeit und Freude an der Arbeit. Der Perfektionismus und die geringe Delegationsfähigkeit von Arbeitssüchtigen zieht auch das berufliche Umfeld in Mitleidenschaft.

Die beiden Kardiologen Meyer Friedman und Ray Rosenman wollten in einer Langzeitstudie ergründen, welche Faktoren **koronare Herzerkrankungen** verursachen. In ihrer wegweisenden Studie untersuchten sie 3154 (anfänglich) gesunde, amerikanische Männer zwischen 35 und 59 Jahren (Rosenman et al. 1975) über einen Zeitraum von mehr als acht Jahren. Neben physiologischen Aspekten wie dem Cholesterinwert und dem Stresslevel interessierte sich das Forscherteam für die Verbindung von „Herz und Hirn" („mind and heart"). Die Daten ihrer Langzeitstudie mündeten in die Unterscheidung von zwei unterschiedlichen Persönlichkeitstypen (siehe auch Abb. 7.1), die Eingang in die Gesundheitspsychologie und Stressforschung gefunden haben.

Für den „Problemtypen" A besteht ein doppelt so hohes Risiko, im Laufe seines Lebens einen Herzinfarkt oder Schlaganfall zu erleiden:

- **Typ-A-Personen** sind spürbar von Leistung und Erfolg angetrieben. Sie verhalten sich kompetitiv und wollen andere Menschen gerne übertrumpfen. Sie messen sich selbst und andere in ihrem beruflichen Umfeld an überdurchschnittlich hohen Maßstäben und wollen immer ihr Bestes geben. Ihr starkes Bedürfnis nach Bestätigung von anderen leben sie in leistungsbezogenen Kontexten aus. Sie wollen von anderen dafür gemocht werden, was sie machen

© Springer Fachmedien Wiesbaden GmbH 2017
U. Rademacher, *Arbeitssucht*, essentials,
DOI 10.1007/978-3-658-18925-9_7

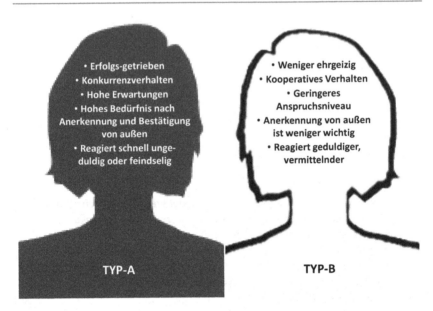

**Abb. 7.1**  Typ-A und Typ-B-Personen nach Rosenman et al. (1975). (Eigene Darstellung)

und leisten, und weniger dafür, wer sie sind. Ihre geringe Frustrationstoleranz führt dazu, dass sie schnell ungeduldig werden und aufbrausend oder gar feindselig reagieren. Ein hohes Tempo und schnelles, abruptes Agieren kann sich auch in ihren Bewegungen und ihrem Sprechstil zeigen. Typ-A-Personen der Studie wiesen – auch nach statistischer Kontrolle anderer Risikofaktoren wie Blutdruck, Cholesterinwerten, Nikotinkonsum – in der Langzeitstudie ein doppelt so hohes relatives Erkrankungsrisiko für koronare Herzerkrankungen auf wie Typ-B Personen. Dies gilt, obgleich die absolute Zahl der Erkrankten mit 14 % weniger dramatisch ausfällt, als es manche Darstellungen dieser Studie vermuten lassen. Interessanterweise zeichnete sich das Sterblichkeitsrisiko der Typ-A-Personen mit einem Herzinfarkt als geringer ab als das Risiko der erkrankten Typ-B-Personen, was auf eine konsequentere Umstellung auf einen gesünderen Lebensstil oder eine geringere Schwere ihrer Herzerkrankung hinweist (Ragland und Brand 1988).

- **Typ-B-Personen** sind das spiegelbildliche Gegenteil. Sie verhalten sich kooperativer und gehen weniger in Konkurrenz zu anderen. Wertschätzung und Selbstbestätigung beziehen sie nicht in erster Linie aus ihren Erfolgen und ihrer Arbeit, sondern auch anderen Stärken, Eigenschaften oder Aktivitäten.

Bestleistungen zu erzielen stellt für sie keinen Selbstzweck dar und sie können auf zufriedene und ausgeglichene Weise inaktiv sein. Sie reagieren geduldiger und weniger impulsiv. In der Langzeitstudie lag ihr relatives Erkrankungsrisiko an koronaren Herzerkrankungen mit 7 % deutlich unter dem Niveau der Typ-A-Personen. Das Risiko, innerhalb von 24 h nach dem Infarkt zu sterben, war für diese Gruppe jedoch im Vergleich zum Sterblichkeitsrisiko der Typ-A-Personen bedeutsam höher. Im Rahmen der Gesundheitsförderung kann ein Verhaltenstraining in Richtung des Typ-B-Verhaltensmusters ohne weitere aufklärende Langzeitstudien deswegen nicht empfohlen werden.

Auch wenn diese Typologie in späteren Untersuchungen methodische Kritik nach sich zog, gibt sie jedoch eine gute erste Orientierung für den Umgang mit Stress im Rahmen der betrieblichen Gesundheitsförderung (vgl. Kaluza 2013). Die Verhaltensmuster von Typ-A-Personen weisen auffällige Ähnlichkeiten zur den in Kap. 2 beschriebenen Ansätzen zur Arbeitssucht auf. Extremes Verhalten gemäß des Typ-A-Verhaltensmusters kann nachweislich Suchtcharakter gewinnen, da Typ-A-Personen durch ihr ungeduldiges und impulsives Verhalten selbst – wenn auch unbewusst – Krisen und Stress hervorrufen, deren Bewältigung sie wiederum als Erfolg verbuchen (Pace und Suojanen 1988). Auf der physiologischen Ebene wird die Ausschüttung des Hormons Adrenalin als euphorisierend erlebt, sodass die Suche nach dem nächsten „Kick" über kurz oder lang zur Sucht wird.

Neben dem erhöhten Risiko, einen Herzinfarkt und Schlaganfall zu erleiden, verursacht Arbeitssucht psychovegetative Störungen wie Erschöpfung, depressive Verstimmungen und Konzentrationsstörungen sowie physiologische Probleme wie Magengeschwüre und chronische Kopfschmerzen (Bühler und Schneider 2002; Geiler 2012; Poppelreuter 2009, 2013). Vielfach wird Arbeitssucht jedoch verharmlosend als „Managerkrankheit" heruntergespielt, was auch dem Umstand geschuldet sein dürfte, dass arbeitswütige Mitarbeiter als zuverlässige und grenzenlos belastbare „Leistungsträger" gelten. Diese Annahme widerlegen wissenschaftliche Studien, die nachweisen, dass Arbeitssüchtige mit ihrem Job unzufriedener sind. Zudem zahlen die betroffenen Mitarbeiter und das Unternehmen einen Preis für den grenzenlosen Einsatz von Arbeitssüchtigen. Die Experten Marjan J. Gorgievski und Arnold B. Bakker fassen die Erkenntnisse aus den Untersuchungen zur Arbeitssucht in Organisationen zusammen:

> There is no evidence showing that workaholism would improve (organizational) performance at all. Hence, for both employees and self-employed workers it is important not only to increase work engagement, but also to prevent workaholism (Gorgievski und Bakker 2010, S. 270).

Neben diesen ernüchternden Nachrichten über die Arbeitsleistung ist auch die
Loyalität von Arbeitssüchtigen zu ihren Arbeitgebern problematisch. Denn Arbeitssüchtige wechseln aus Unzufriedenheit häufiger den Job als Kollegen mit einem
gesünderen Verhältnis zur Arbeit und erzeugen so Wissensverluste, Diskontinuität
und Fluktuationskosten. Oder sie machen sich selbstständig, um auf diese Weise
ihre Arbeitswut ungehindert ausleben zu können (Poppelreuter 2009, 2013). Passion für die berufliche Tätigkeit wird vielfach auch als Erfolgsfaktor für die Selbstständigkeit betrachtet. Selbstständige, die mit Leidenschaft bei der Sache sind,
gründen zwar erfolgreicher als weniger engagierte Entrepreneure. Die größten
Erfolge bringen jedoch passionierte Selbstständige und Unternehmensgründer auf,
die sich zwar hochengagiert einbringen, jedoch nicht zwanghaft und grenzenlos
arbeiten, Fehler und Kompromisse aushalten können und sich auch Zeiten und Phasen von Regeneration gönnen (vgl. Gorgievski und Bakker 2010; Taris et al. 2010).

Mittel- und langfristig schaden Arbeitssüchtige ihrem beruflichen Umfeld auf
mehreren Dimensionen. Denn neben den körperlichen Problemen verringert sich
langfristig auch das Leistungsniveau der Arbeitssüchtigen: Sie leiden vermehrt
unter Konzentrationsschwierigkeiten und reagieren schneller gereizt auf Kollegen
und Kunden (Bakker und Leiter 2010; Schaufeli et al. 2008). Ihre Persönlichkeit
und ihr Perfektionismus erlauben es ihnen nicht, Arbeit an andere abzugeben,
wodurch sie den – besonders in Unternehmen mit flachen Hierarchien – geforder-
ten Teamgeist beeinträchtigen (Clark und Lelchook 2010).

Die gestiegene Zahl an psychovegetativen Krankheiten, Depression und Burn-
out belegen hier deutlichen Handlungsbedarf für Unternehmen (Poppelreuter
2013; Siegrist 2015). Die psychische und körperliche Belastung für Arbeitssüchtige wird jedoch dadurch erschwert, dass sie selbst dann zur Arbeit gehen, wenn
sie medizinisch betrachtet arbeitsunfähig sind. Dieser sogenannte **Präsentismus**
stellt Vorgesetzte und Maßnahmen des betrieblichen Gesundheitsmanagement vor
besondere Herausforderungen, da ohne Krankheitseinsicht weder der notwendige
Erholungs- und Gesundungsprozess eintreten kann noch präventive Maßnahmen
der Gesundheitsförderung greifen (Gattringer et al. 2015). Im folgenden Kapitel
werden deswegen Maßnahmen vorgestellt, mit denen in Teams und Unternehmen Rahmenbedingungen geschaffen und erhalten werden können, welche das
Entstehen von Arbeitssucht vermeiden. Die Unterscheidung von Maßnahmen
auf der individuellen, der Team- und der Organisationsebene haben sich in vielen Anwendungsbereichen bewährt (vgl. Steiger und Lippmann 2011). Kap. 8
und 9 geben Ihnen praxisnahe Tools und Maßnahmen an die Hand, die Sie auf
Individual- und Teamebene oder auf der umfassenden Organisationsebene imple-
mentieren können, um der Entstehung von Arbeitssucht in ihrem Unternehmen
möglichst frühzeitig entgegen wirken zu können.

# Wie man sich und andere vor Arbeitssucht schützt

▶ Maßnahmen zur Prävention von Arbeitssucht sollten den Einzelnen, das Team und die Gesamtorganisation im Blickfeld haben, um Arbeitssucht effektiv und nachhaltig vorzubeugen.

Prävention vor regelmäßigem Überengagement ist ein ambitioniertes Unterfangen. Damit Maßnahmen zum Schutz vor Arbeitssucht greifen, müssen zuerst die Zielstellung und der Prozess der Umsetzung festgelegt werden. Kap. 8.1 befasst sich zunächst mit den Inhalten, die für die Prävention von Arbeitssucht relevant sind, und gibt einen Überblick, auf welchen organisatorischen Ebenen diese zum Tragen kommen. Kap. 8.2 stellt eine Struktur für die Implementierung dieser Maßnahmen vor, welche sich bei der Steuerung von Transformationsprozessen in Unternehmen bewährt hat (Kotter 2007, 2013).

## 8.1 Was schützt vor Arbeitssucht?

Experten betonen eindringlich, dass die Krankheitseinsicht den ersten Schritt zur Bewältigung einer bestehenden Arbeitssucht darstellt. Ohne ein Einsehen darin, dass die eigene Einstellung zum Arbeiten und das Arbeitsverhalten problematisch für einen selbst, die Kolleginnen und Kollegen sowie das Unternehmen sind, schlagen alle Versuche fehl, Betroffene zu Änderungen zu bewegen (vgl. Poppelreuter 1997).

Deswegen ist es umso wichtiger für Vorgesetzte, Führungskräfte und betriebliche Gesundheitsmanager, möglichst frühzeitig und effektiv das Entstehen von Arbeitssucht zu verhindern. Präventive Maßnahmen können auf drei Ebenen der Organisation angesiedelt sein (Abb. 8.1):

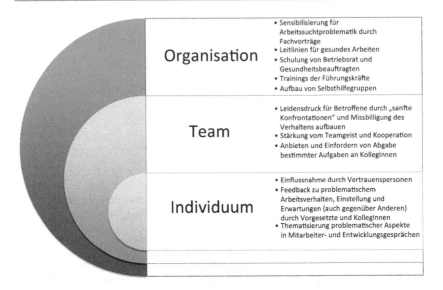

Die folgenden Informationen sind in der Grafik enthalten:

**Organisation**
- Sensibilisierung für Arbeitssuchtproblematik durch Fachvorträge
- Leitlinien für gesundes Arbeiten
- Schulung von Betriebsrat und Gesundheitsbeauftragten
- Trainings der Führungskräfte
- Aufbau von Selbsthilfegruppen

**Team**
- Leidensdruck für Betroffene durch „sanfte Konfrontationen" und Missbilligung des Verhaltens aufbauen
- Stärkung vom Teamgeist und Kooperation
- Anbieten und Einfordern von Abgabe bestimmter Aufgaben an KollegInnen

**Individuum**
- Einflussnahme durch Vertrauenspersonen
- Feedback zu problematischem Arbeitsverhalten, Einstellung und Erwartungen (auch gegenüber Anderen) durch Vorgesetzte und KollegInnen
- Thematisierung problematischer Aspekte in Mitarbeiter- und Entwicklungsgesprächen

**Abb. 8.1** Die Ebenen präventiver Maßnahmen. (Eigene Darstellung)

- **Organisationen** können durch Impuls- und Fachvorträge über das Phänomen „Arbeitssucht", dessen Symptome und Auswirkungen informieren und erste Impulse geben, Mitarbeiterinnen und Mitarbeiter auf breiter Ebene dafür zu sensibilisieren. Schulungen besonders relevanter Gruppen im Unternehmen (z. B. Betriebsrat, Gesundheitsbeauftragte) sollten als flankierende Maßnahmen ergänzend eingesetzt werden. Wissen und eine kognitive Einsicht in ein Problem reichen jedoch bei weitem nicht aus, um Änderungen in der Einstellung zum Arbeitsstil und dem eigenen und fremden Arbeitsverhalten zu bewirken. Deswegen sollten Hierarchie übergreifende Arbeitsgruppen gebildet werden, welche gemeinsam einen Katalog motivierender Maßnahmen entwickeln, durch welche „Nahrungsquellen" für Arbeitssüchtige vermieden oder ersetzt werden können. Dies kann sich auf ganz unterschiedliche Ebenen und Bereiche beziehen (z. B. Formulierung von Stellenausschreibungen, Fehler- und Pausenkultur im Unternehmen, Formen des Delegierens, Umgang mit Arbeitszeiten und Pausenregelungen) und ist individuell an das jeweilige Unternehmen, seine Mission, Ziele und Kultur sowie die bestehenden Prozesse und Strukturen anzupassen.

Grundvoraussetzung dafür, dass die Umsetzung dieser Maßnahmen gelingt, ist die Ernsthaftigkeit der Geschäftsführung. Nur wenn es für die oberste Organisationsebene ein wirkliches Ziel darstellt, Arbeitssucht vorzubeugen und Maßnahmen aktiv zu unterstützen, kann Prävention gelingen. Denn ohne entsprechende Ressourcen (Zeit, Räumlichkeiten, finanzielles Budget, Honorierung) und das Handeln der Führungskräfte als positive Rollenmodelle werden präventive Maßnahmen keine große Wirkung erzielen. Die notwendige Unterstützung könnte in vielen Unternehmen darunter leiden, dass gerade im Top Management Arbeitssucht häufiger anzutreffen ist als in anderen Unternehmensbereichen (Poppelreuter 1997, 2009; Lenninghaus 2017). Aber nur, wenn die Unterstützung von „Oben" über Lippenbekenntnisse hinausreicht, kann tatsächlich eine gesunde Haltung zur Arbeit auf allen Unternehmensebenen gelingen.

- Damit die Maßnahmen in den **Arbeitsgruppen und Teams** die beabsichtigte Wirkung zeigen, muss bei den Teammitgliedern ausreichende Motivation bestehen. Hier sind der Einsatz und die Führungskompetenz der Abteilungs- und Teamleiter gefragt: Wie können sie die Sensibilisierung in alltagsnahe und praktikable Interventionen übersetzen? Wie können Mitarbeiterinnen und Mitarbeiter dazu motiviert werden, arbeitssüchtiges Verhalten zu vermeiden oder zu verändern? Wie können damit einhergehende Spannungen und latente Konflikte im Team angesprochen und konstruktiv bewältigt werden? Teammeetings, persönliche Gespräche mit einzelnen Mitarbeitern und moderierte Workshops sind geeignete Tools, um „die PS auf die Straße zu bringen" und für tatsächliche Änderungen zu begeistern. Denn die Vermeidung von Arbeitssucht bedeutet auch, dass Menschen sich mit ihrer eigenen Haltung gegenüber Vielarbeit aktiv auseinandersetzen und sich möglicherweise aus ihrer vertrauten „Komfortzone" herausbewegen müssen. Zudem kann die belohnende Qualität der Arbeitsexzesse wie der Stolz, es „mal wieder geschafft zu haben", oder die Anerkennung durch Kunden wegfallen. Hier gilt es, aktiv und achtsam Belohnung und Wertschätzung auszusprechen, dass Mitarbeiterinnen und Mitarbeiter weniger arbeiten, sich besser abgrenzen können und Phasen von Pausen und Regeneration sichern. Themen, mit denen sich Teams in ihrer Anti-Arbeitssucht-Strategie auseinander setzen sollten, reichen von einem motivierenden Motto für eine gesunde Arbeitshaltung über den Umgang mit Zeiterfassung, Überstundenregelungen und Pausen bis hin zum Umgang mit Fehlern und Perfektionismus. Auch die Stärkung von Teamgeist und der Unterstützung von Kollegen in Phasen hoher Arbeitsbelastung sollte thematisiert werden.

Das Ziel geeigneter Maßnahmen besteht darin, eine Teamkultur zu entwickeln, in der das „Hineinrutschen" in arbeitssüchtige Verhaltensmuster schlechte Chancen hat. Teammitglieder können sich in Gesprächen auf ihr Arbeitsverhalten aufmerksam machen und so davor bewahren, in kritische Reaktionsmuster zu fallen. Zum anderen müssen Teams einen konstruktiven Leidensdruck für diejenigen aufbauen, die immer wieder gerne eine Zusatzaufgabe übernehmen, die Leistungen anderer durch Mehreinsatz übertrumpfen und ungefragt die gesetzten Leistungsziele übertreffen. Nur die klare, offene und konsequente Missbilligung solcher Verhaltensweisen führt dazu, dass von Arbeitssucht gefährdete Personen ihre Scham- und Schuldgefühle überwinden und ein echtes Einsehen darin haben, sich ändern zu müssen. Bei Bedarf können Mentoringprogramme und Teamcoaching durch einen erfahrenen, psychologischen Coach die richtigen Weichen stellen (Rademacher und Weber 2017).

- Neben der Förderung einer Teamkultur, die Arbeitssucht wenig Chancen gibt, können sich spezifische Interventionen auf **Individuen** ausrichten, welche von Arbeitssucht besonders gefährdet sind und möglicherweise durch die Maschen des sozialen Netzes ihres Teams fallen oder sich diesem bewusst oder unbewusst gar entziehen. Vorgesetzte sollten Vier-Augen-Gespräche mit einzelnen Mitarbeitern oder Mitarbeiterinnen führen, deren Verhalten oder Äußerungen auf eine Neigung zu Arbeitsexzessen oder zwanghaftem Arbeiten hinweisen. Hierbei sind besondere Kompetenzen in der psychologischen Gesprächsführung erforderlich, da Arbeitssucht wie alle Süchte mit Gefühlen von Scham und Schuld einhergeht und sehr häufig von den Betroffenen bagatellisiert wird („Es ist nur eine Phase", „Aber es macht mir halt einfach so viel Spaß"). Da überdurchschnittliche Leistungen, schnelles „Wegarbeiten" wichtiger Aufgaben und intrinsisch motiviertes Engagement zudem ökonomisch erwünscht sind, ist es für Führungskräfte oft nicht einfach, die Grenze zwischen Arbeitsengagement und der Gefahr der Arbeitssucht zu erkennen. Die Checklisten in Kap. 9 geben Orientierung für die Gesprächsführung.
Verfügen Vorgesetzte nicht über ausreichendes Wissen, Empathie und Gesprächsführungskompetenzen, ist es ratsam, interne Experten (z. B. aus dem betrieblichen Gesundheitsmanagement) oder externe Experten (z. B. Business Coach mit Spezialisierung auf Resilienz, Stress Management und Arbeitssuchtprävention) hinzu zu ziehen.
Auch das kritische Feedback von Schlüsselfiguren (vgl. Kahneman 2013) kann Betroffenen die Augen für das Risiko von Arbeitssucht öffnen (Poppelreuter 2009). Unabhängig von der formellen Bedeutung im Unternehmen sind dies Menschen, die auf Grund ihrer Erfahrung, Persönlichkeit oder Werthaltungen besonderes Vertrauen besitzen. Gerade Personen, die selbst mit

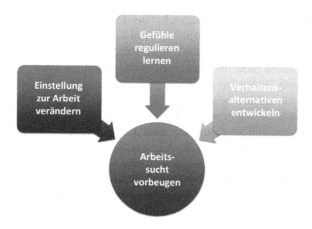

**Abb. 8.2** Ziele der Prävention von Arbeitssucht. (Eigene Darstellung)

dem Thema Arbeitssucht zu kämpfen haben oder hatten, können gefährdete Kollegen und Kolleginnen dazu ermutigen, sich dem Thema zu stellen und sich damit aktiv zu beschäftigen. Selbsthilfegruppen oder Gesprächskreise im Unternehmen können hier wichtige Weichen stellen.

Unabhängig von den relevanten Organisationsebenen können präventive Maßnahmen sich stärker auf die **Einsicht** darin, was gesundes oder problematisches Arbeitsverhalten ausmacht, die Regulation der begleitenden **Gefühle** oder das eigentliche **Arbeitsverhalten** ausrichten (siehe auch Abb. 8.2).

Neben dem Aufbau von Wissen und einer Sensibilisierung für Symptome von Arbeitssucht gilt es, auch auf der Ebene der **Emotionen** Veränderungsimpulse zu geben. So werden exzessive Vielarbeiter schwerlich dazu motiviert, sich zu ändern, wenn sie durch anerkennende Worte oder gar Bonuszahlungen in ihrem Überengagement verstärkt werden (vgl. Rademacher 2014). Phasen intensiver Konzentration und die erfolgreiche Bewältigung von Herausforderungen führen zudem zur Ausschüttung von Hormonen, die das Erleben von Schmerzen und Ermüdung mindern oder gar Glücksgefühle auslösen. Sich von diesen selbst produzierten „Highs" zu verabschieden, stellt gerade in den Anfangsphasen von Arbeitssucht keine einfache Aufgabe dar. Hier sollten Kolleginnen und Kollegen den Leidensdruck der Betroffenen fördern, indem sie offen die kritischen Aspekte thematisieren: der Mangel an Zusammenarbeit, die fachlichen Risiken von Alleingängen und das fehlende Vertrauen in die anderen Teammitglieder.

Nur so können sie den positiven „Kicks" der Erfolgserlebnisse etwas entgegensetzen und den Arbeitsexzessen den reizvollen Zauber nehmen, den sie für potenzielle Workaholics besitzen. Haben diese Irritationen dafür gesorgt, dass das eigene Engagement nicht nur Sonnenseiten hat, stehen die Chancen besser, dass von Arbeitssucht Gefährdete die eigene Arbeitshaltung und die Rolle der Arbeit in ihrem Leben kritisch beleuchten. Die Reflexion der eigenen Ziele und die Ursachen, welche für die Notwendigkeit der regelmäßigen Mehrarbeit herangezogen werden („Attributionsmuster"), können dann nach und nach zu einer allmählichen Änderung der **Einstellung** zur Arbeit führen.

Damit diese geänderte Einstellung auch zu einer Verhaltensänderung führt, ist **emotionale Selbstregulation** erforderlich. Knapp gesagt müssen von Arbeitssucht Gefährdete erlernen, nicht zu arbeiten und sich dabei gut zu fühlen. Die starke Kopplung positiver Emotionen mit exzessiver Mehrarbeit macht es diesen Menschen schwer, inaktiv zu sein, ohne negative Emotionen wie Langweile, Scham, Wertlosigkeit oder Leere zu empfinden. Ermunterndes Feedback von Kollegen, gemeinsame Pausen und Anerkennung für die Bemühungen um einen anderen Umgang mit Arbeit geben hier wichtige Unterstützung. Reichen diese Impulse nicht aus, sollte im psychologischen Coaching intensiver an diesem Thema gearbeitet werden.

Potenzielle Workaholics können dann Alternativen zu ihrem gewohnten **Verhalten** entwickeln, umzusetzen und sich zu neuen Gewohnheiten machen. Welches andere Arbeitsverhalten führt zu ausreichend guten Zielen, erfordert aber weniger exzessive Arbeitsphasen? Was brauchen Gefährdete, um Arbeit an andere abgeben zu können, ohne sich dabei schlecht zu fühlen? Wie schaffen es bestimmte Personen immer wieder, unbedingt Arbeit mit nach Hause nehmen oder zu später Stunde im Büro bewältigen zu müssen? Diese und ähnliche Fragen aus der systemischen Organisationsberatung können psychologisch geschulte Führungskräfte oder Coachs in Gesprächen mit gefährdeten Personen stellen. Auch Gesprächskreise von (potenziell) Betroffenen können einen hilfreichen Rahmen dafür bedeuten, der (Weiter)Entwicklung von Arbeitssucht entgegen zu wirken. Neben dem Aufdecken von Denk- und Verhaltensmustern sollten gemeinsam Möglichkeiten konkretisiert werden, wie in typischen Situationen anders auf die „Fallen für Arbeitssüchtige" reagiert werden kann: der Sonderwunsch des Kunden am Freitag Nachmittag, die Email des Vorgesetzten mit einem dringenden Anliegen. Je spezifischere Alternativen zu den gewohnten Reaktionsweisen formuliert werden und je akzeptabler sich diese für die Betroffen anfühlen, desto größer sind die Chancen dafür, dass diese ausprobiert und umgesetzt werden. Ganz zentral ist dann, dass diese Gehversuche in neuem Terrain positiv verstärkt werden. Eine anerkennende Bemerkung eines Kollegen oder das Lob der Chefin dafür, die Mail an den Kunden erst am nächsten Tag beantwortet zu haben und nur den kleinen Finger und nicht die ganze Hand gereicht zu haben, ist sehr hilfreich dafür, Vertrauen in das geänderte Verhalten zu gewinnen. Und selbst wenn es nicht gelingt, sich ganz von seinem alten Handeln zu verabschieden, sollten Mitarbeiterinnen und Mitarbeiter dafür Anerkennung erhalten, dass sie sich redlich darum bemühen. Nur so gewinnen sie die Kraft und Motivation dafür, es beim nächsten Mal erneut zu versuchen und peux à peux auf diese Weise neue Routinen ihres Verhaltens zu entwickeln.

## 8.2 Wie setzt man präventive Maßnahmen im Unternehmen um?

Je besser präventive Maßnahmen im Unternehmen aufeinander abgestimmt sind und ineinander greifen desto erfolgreicher werden sie wirken. Startet nur ein Team im Unternehmen eine „Anti-Workaholic-Initiative", während in anderen Teams munter unbegrenzt Überstunden geleistet werden, leidet die Überzeugungskraft der Maßnahmen und überengagierte Vielarbeiter werden verlockt, einfach in ein „ambitionierteres" Team zu wechseln. Umgekehrt fruchtet die kurzzeitige Sensibilisierung für das Thema Arbeitssucht, das ein kompetenter Impulsvortrag bei einer Betriebsversammlung bewirkt, nicht ohne zeitnahe und konkrete Folgemaßnahmen auf allen Unternehmensebenen.

Der in Abb. 8.3 skizzierte Prozess veranschaulicht, wie Teams und Unternehmen Maßnahmen zur Prävention von Arbeitssucht Schritt für Schritt planen, entwickeln und nachhaltig umsetzen können. Das Modell beruht auf dem Ansatz zu Change Management von Philip Kotter, das sich in vielen Transformationsprozessen von Unternehmen verschiedener Branchen als Leitlinie bewährt hat (Kotter 2013).

**Schritt für Schritt zum Unternehmen mit gesunder Arbeitshaltung**
1. Der Start des Präventionsprogramms muss mit ausreichender **Dringlichkeit** begonnen werden. Ein typischer Fehler in der frühen Phase von Änderungsprozessen in Unternehmen besteht darin, die Ernsthaftigkeit des Themas herunterzuspielen oder selbstgefällig davon auszugehen, dass es sich in seinem Unternehmen ohne weitere Maßnahmen schon „irgendwie von selbst" regeln wird. Bei allem Vertrauen in die Funktionsfähigkeit des eigenen Unternehmens und die Talente seiner Mitarbeiterinnen und Mitarbeiter werden Tendenzen zum problematischen Überengagement sich nicht von alleine zurückbilden. Das Thema muss zur „Chefsache" gemacht werden. Die genauen Ziele der präventiven Maßnahmen sollten durch eine Rede der

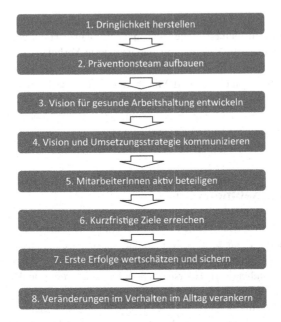

**Abb. 8.3** Prozess der Entwicklung und Implementierung präventiver Maßnahmen. (Eigene Darstellung)

Geschäftsführung bei einer wichtigen Versammlung die notwendige Aufmerksamkeit gewinnen. Zahlen und Fakten wie Krankheitstage, Fluktuation und die Entwicklung geleisteter Überstunden sollten als Belege für die Notwendigkeit des Umdenkens herangezogen werden. Anschließend sollte durch Kommunikation mittels eines weiten Spektrums unterschiedlicher Medien (Reden der Abteilungs- und Teamleiter, Mitarbeiterzeitung, Newsletter, persönliche Konversation) die Botschaft der Notwendigkeit eines Wandels zur gesunden Arbeitseinstellung und Arbeitsweise alle Mitarbeiterinnen und Mitarbeiter erreichen. Nur so haben Gerüchte („Abteilungen, die zu viele Überstunden machen, bekommen Probleme") und abweichende Botschaften per „Flurfunk" keine Chance, welche für eine Verunsicherung oder Verängstigung („Wer sich zu oft krank meldet, wird bei der nächsten Umstrukturierung entlassen") innerhalb der Belegschaft sorgen.

2. **Klare Strukturen und feste Rollen** steigern die Chancen, dass die Ziele des Präventionsprogramms erreicht werden, bedeutsam. Dieser Erfolgsfaktor für Change Management (Gerkhardt und Frey 2006) sollte möglichst frühzeitig

im Veränderungsprozess zum Tragen kommen. Deswegen sollte in der zweiten Phase eine wirkungsvolle **Führungskoalition** zusammengestellt werden, welche sich die Implementierung wirkungsvoller Maßnahmen zum Schutz gegen zu viel Arbeit auf ihre Fahnen schreibt. Geeignet dafür sind Personen, welche die erforderlichen Kompetenzen (hohes Maß an Teamfähigkeit, strategisches und analytisches Denken, Planungssicherheit, sicherer Umgang mit Komplexität, kommunikative Kompetenzen, Empathie) mitbringen und das Vertrauen ihrer Kolleginnen und Kollegen genießen. Eine Mischung von Mitarbeiterinnen und Mitarbeitern unterschiedlicher Hierarchieebenen und Geschäftsbereiche ist empfehlenswert. Alle Mitglieder dieses Teams sollten sich freiwillig und aus innerer Überzeugung für die Einführung von Präventionsmaßnahmen gegen Arbeitssucht einsetzen. Sie benötigen die für die Planung und Umsetzung erforderlichen Ressourcen und sollten dazu autorisiert sein, Entscheidungen eigenständig treffen zu dürfen, die sich innerhalb des vorher abgestimmten Korridors von Maßnahmen bewegen. Auch bei auftretenden Schwierigkeiten sollte unbedingt vermieden werden, die Verantwortung für das Präventionsprogramm an die Personalabteilung „zurückzudelegieren". Das Ziehen an einem Strang außerhalb der gewohnten Hierarchie stellt möglicherweise eine Herausforderungen in dieser Phase dar. Wichtig ist hierbei zu beachten, dass die beteiligten Personen zu einem echten Team zusammen wachsen, indem sie nicht nur fachliche, sondern auch persönliche Beziehungen zueinander aufbauen und den Raum dafür erhalten, sich kennen zu lernen und ein gemeinsames Verständnis ihrer Aufgabe und Regeln und Normen der Zusammenarbeit zu entwickeln (siehe Abb. 8.4).

3. Sobald sich das Team in der eigentlichen Leistungsphase befindet, kann es sich der Ausarbeitung einer überzeugenden und realistischen **Vision** des Präventionsprogrammes widmen. Da das Wort „Sucht" bei den meisten Menschen negative Assoziationen auslöst, sollten sprachliche Begriffe, Bilder und Symbole gefunden werden, die einen positiven Bezug zu den Zielen des Präventionsprogramms herstellen. Annäherungsziele (z. B. Gemeinsam eine Kultur des gesunden Arbeitens pflegen) wirken motivierender als Vermeidungsziele (z. B. Arbeitssucht keine Chance geben). Das Ziel sollte verständlich, einfach und attraktiv gefasst werden. Externe Moderatoren und Organisationsentwickler können hilfreiche Impulse und Unterstützung geben, damit der Sprachwandel (vgl. Oswald und Schoeneborn 2011) den ersten Schritt zum Unternehmenswandel macht. Denn die Abkehr von Aktivitäten, die jederzeit „nur mal schnell" eingefordert oder eingeschoben werden, beginnt mit einer anderen Benennung dieser Mosaiksteinchen der Arbeitssucht.

**Abb. 8.4** Schritt für Schritt von der Gruppe zum Team; Modell der Teamentwicklung nach Tuckman. (Eigene Darstellung)

4. Im nächsten Schritt sollten eine Vielzahl von Kanälen (Vorträge, Abteilungs- reden, Mitarbeiterzeitung, Teammeetings, Intranet etc.). dazu genutzt werden, die entwickelte Vision und die Umsetzungsstrategie an alle Mitarbeiterinnen und Mitarbeiter, Führungskräfte und andere Personen (z. B. Kunden, Zulie- ferer, freie Mitarbeiterinnen und Mitarbeiter) zu **kommunizieren.** In dieser Phase kann es eigentlich nicht zu viel Kommunikation über den geplanten Kulturwandel geben. Persönliche Kommunikation ist grundsätzlich besser geeignet, die Wichtigkeit der gesetzten Präventionsziele zu betonen und auch kritische Mitarbeiterinnen und Mitarbeiter in den Veränderungsprozess einzu- beziehen. Andererseits fühlen sich nicht alle Menschen im direkten Austausch so wohl, dass sie offen ihre Bedenken und Vorbehalte äußern. Die Vielfalt von persönlicher und medial vermittelter Kommunikation sowie der Einsatz spezi- fischer Instrumente wie dem Resistance Radar (vgl. Rademacher 2014) tragen dazu bei, dass alle Betroffenen umfassend informiert und durch den interak- tiven Austausch der Zwei-Weg-Kommunikation an dem Programm beteiligt werden. Gleichzeitig ist bereits in dieser Phase darauf zu achten, dass das Prä- ventionsteam und Vorgesetzte und Führungskräfte in anderen Bereichen als positive Rollenmodelle fungieren und sich von Verhaltensweisen verabschie- den, die mit exzessivem Vielarbeiten in Zusammenhang stehen. Das Pflegen von Pausen, Setzen und Einhalten von Grenzen zwischen Arbeit und Freizeit haben gerade in dieser Phase eine nicht zu unterschätzende Signalwirkung für die Mitarbeiterinnen und Mitarbeiter.

5. Nun gilt es, Mitarbeiter und Mitarbeiterinnen im gesamten Unternehmen dazu zu motivieren, sich bei der Implementierung der Präventionsmaßnahmen aktiv zu **beteiligen.** Die Maßnahmen auf der Organisationsebene bedürfen

möglicherweise einer Änderung umfassender Prozesse und Strukturen (siehe Kap. 8.1). So haben manche Unternehmen durch IT-Lösungen dafür gesorgt, dass das Senden von Emails oder Bearbeiten von Dokumenten außerhalb der Arbeitszeiten nicht mehr möglich sind. Maßnahmen zum Schutz vor zu viel Arbeit können aber auch auf der Teamebene greifen, wenn sich die Team- mitglieder gemeinsam zu Verhaltensweisen verpflichten, die das Risiko des Vielarbeitens einschränken. Hier lohnt es sich, in einem Teammeeting oder gemeinsamen Workshop zu erarbeiten, welche Einstellung zum Arbeiten die Teammitglieder besitzen und wie sie die Vision des gesunden Arbeitens in ihrem Arbeitsteam umsetzen wollen. In einem Team mag der Bedarf bestehen, sich schnellstmöglich gegenseitig auf kritische Verhaltensweisen aufmerk- sam zu machen. In einem anderen Team müssen möglicherweise bestimmte Prozesse und Verantwortlichkeiten verändert werden, um eine gute Balance zwischen Engagement und Regeneration verwirklichen zu können. Auch unkonventionelle Ideen und Denkanstöße sollten eine Chance erhalten, damit jedes Team und jede Person eine machbare und attraktive Verhaltensalternative finden kann.

6. Damit die Einführung präventiver Maßnahmen das Momentum beibehält, soll- ten die vorgeschlagenen Maßnahmen nun auch schnell zu **ersten Erfolgen** führen. Dies gilt für Teams ebenso wie jeden Einzelnen. Gelingt es einem von Arbeitssucht Gefährdeten sein Verhaltensmuster zu durchbrechen, sollte dies vom sozialen Umfeld wahrgenommen und lobend erwähnt werden, auch wenn es sich nur um kleine Veränderungen wie eine kurze Pause zwischen zwei fordernden Arbeitsschritten oder ein Tag, an dem die Person ohne noch zu erledigende Aufgaben im Gepäck als erstes das Büro verlässt. Diese positive Verstärkung ist ein wichtiger Katalysator für das Greifen präventiver Maßnah- men.

7. Erste Erfolge und kleine Meilensteine stärken das Vertrauen in die Machbar- keit des Programms, schaffen Vertrauen und fördern die Motivation, die für die weitere Implementierung der präventiven Maßnahmen benötigt wird. Gerade weil die Arbeitssuchtprävention spürbare Unterschiede hinsichtlich des erleb- ten Stresslevels oder ähnlicher Gesundheitsfaktoren erbringt, ist das **Anerken- nen und Zelebrieren** dieser „quick wins" so bedeutsam. Idealerweise helfen Techniken wie Visualisierungen (z. B. Übersicht der geleisteten Pausen, Auf- gabenverteilung im Team) oder analoge Maßnahmen des Change Management (siehe Rademacher 2014), diese Erfolgserlebnisse im Alltag sichtbar und prä- sent zu machen, damit sie auch in den kommenden Phasen oder während einer Durststrecke motivieren.

8. Diese Techniken unterstützen Unternehmen darin, auch die größeren und umfassenderen Präventionsziele Ziele zu erreichen und in Phasen einer fordernden Auftragslage oder schwierigen wirtschaftlichen Situation nicht gänzlich in ungesunde, süchtige Arbeitsverhaltensweisen zurück zu fallen. Auch hier bestehen vielfältige Möglichkeiten, die geänderte Einstellung und die Verhaltensweisen im Alltag zu **verankern** und zu **festigen.** Individuell gestaltete Mottokarten können Mitarbeiterinnen und Mitarbeiter immer wieder daran erinnern, wie sie Arbeit delegieren, um Unterstützung bitten und sich vom Perfektionismus verabschieden können. Je stärker individuelle Formen gefunden werden, die zwischenmenschlichen und emotionalen Vorteile eines gesunden Arbeitspensums und -stils zu symbolisieren, desto besser wird es gelingen, das geänderte Verhalten beizubehalten und gegen die Verlockungen der Arbeitsexzesse resistent zu werden.

In Kap. 9 finden Sie praktische Werkzeuge, Leitlinien und Checklisten, die Sie bei der Planung und Umsetzung Ihres Präventionsprogramms einsetzen können.

# Für die Praxis

**9**

## 9.1 Selbsttest: Bin ich arbeitssüchtig?

Kreuzen Sie für jede Aussage an, inwieweit diese auf Ihr Arbeitserleben und -verhalten zutrifft. Seien Sie ehrlich zu sich selbst und antworten Sie zügig ohne langes Überlegen.

| | 1 stimme absolut nicht zu | | | | 5 stimme absolut zu |
|---|---|---|---|---|---|
| Ich befinde mich immer im Wettlauf mit der Zeit und versuche, Dinge so schnell wie möglich zu erledigen. | O | O | O | O | O |
| Ich nehme mir bei der Arbeit immer viel vor und arbeite meist, solange ich kann. | O | O | O | O | O |
| Ich gebe bei allen Tätigkeiten mein Bestes, auch wenn die Aufgabe das gar nicht unbedingt verlangt. | O | O | O | O | O |
| Ich arbeite meist weiter, wenn die anderen Feierabend machen. | O | O | O | O | O |
| Wenn ich nichts zu tun habe, fühle ich mich unzufrieden. | O | O | O | O | O |
| Wenn es gut läuft, arbeite ich, bis ich ausgepowert bin. | O | O | O | O | O |
| Ich nehme mir öfter vor, weniger zu arbeiten, aber es kommt immer etwas dazwischen. | O | O | O | O | O |

© Springer Fachmedien Wiesbaden GmbH 2017
U. Rademacher, *Arbeitssucht,* essentials,
DOI 10.1007/978-3-658-18925-9_9

| | | | | | |
|---|---|---|---|---|---|
| Ich arbeite immer an mehreren Projekten gleichzeitig. | O | O | O | O | O |
| Bei der Arbeit mache ich mir oft selbst Druck, Dinge besonders gut oder schnell zu erledigen. | O | O | O | O | O |
| Ich arbeite hart, auch wenn es mir keinen Spaß macht. | O | O | O | O | O |
| Ich fühle mich verpflichtet, immer mehr als 100% zu geben. | O | O | O | O | O |
| Ich habe ein schlechtes Gewissen, wenn ich mir frei nehme. | O | O | O | O | O |
| Ich arbeite manchmal, ohne dass andere es merken sollen, zum Beispiel am Wochenende oder im Urlaub. | O | O | O | O | O |
| Wenn ich nichts zu tun habe, werde ich unruhig. | O | O | O | O | O |

*Auswertung:* Zählen Sie Ihre Gesamtpunktzahl zusammen, indem Sie die Werte pro Zeile (zwischen 1 und 5) aufaddieren. Wenn Sie 40 Punkte oder mehr erzielt haben, sind Sie von Arbeitssucht gefährdet oder bereits betroffen.

## 9.2    Leitlinien für Führungskräfte und Personalverantwortliche

- Werfen Sie bei der Formulierung von Anforderungsprofilen und **Stellenanzeigen** keine „Köder" für Workaholics („Wir suchen eine Persönlichkeit mit überdurchschnittlichem Maß an Eigenmotivation") aus.
- Werden Sie in **Jobinterviews** hellhörig, wenn sich jemand als „Perfektionist" charakterisiert und fragen Sie nach, wie die betreffende Person für Ausgleich und Regenation sorgt und welche Bedeutung andere Lebensbereiche haben.
- Machen Sie als Vorgesetzte/r klare **Zielvorgaben,** nicht nur im Jahresgespräch. Stimmen Sie mit Ihren Mitarbeiterinnen und Mitarbeitern Ziele ab, die hinsichtlich des zeitlichen Aufwands und des Umfangs machbar sind. Stellen Sie sicher, dass Ihre Mitarbeiterinnen und Mitarbeiter über alle dazu erforderlichen **Ressourcen** verfügen. Achten Sie darauf, dass diese die eingeplanten Zeiten und den Umfang einhalten und die Arbeitsstunden nicht regelmäßig das Soll überschreiten.

- Ermutigen Sie Ihre Mitarbeiter, zwischen wichtigen und weniger wichtigen Aufgaben zu unterscheiden und sich ihre Kräfte entsprechend einzuteilen. Machen Sie Ihnen klar, dass sie bei unwichtigeren Aufgaben auch einmal „fünfe gerade sein" lassen sollten. Besprechen Sie in einem Vier-Augen-Gespräch die Ziele und das **Zeitmanagement** von Mitarbeitern, die regelmäßig Überstunden machen oder Arbeit mit nach Hause nehmen.
- Bieten Sie Ihren Kolleginnen und Kollegen **Unterstützung** an und fragen Sie, wie Sie und andere in Phasen von Überlastung helfen können. Fördern Sie die **Delegationsfähigkeit** Ihrer Mitarbeiter und machen Sie deutlich, dass Vertrauen in die Zuverlässigkeit und Kompetenz von Kollegen eine wichtige Ressource ist. Gehen Sie mit gutem Beispiel voran und lassen Sie andere eigenständig ab und an auch wichtige Entscheidungen treffen und Aufgaben erledigen.
- Belohnen Sie **Perfektionismus** nicht und missbilligen Sie **selbstgewähltes Über-Engagement.** Spenden Sie kein Lob für Mehrarbeit, die ungefragt über das abgestimmte Ziel hinausreicht oder für die Aufgabenerfüllung gar nicht erforderlich ist. Nur so können Sie den für die „Krankheitseinsicht" erforderlichen Leidensdruck aufbauen.
- Entwickeln Sie eine konstruktive **Fehlerkultur.** Feiern Sie Ihre Erfolge gemeinsam und besprechen Sie gemeinsam im Team (nach einem abgeschlossenen Projekt/nach dem Erreichen eines Meilensteins), was alles schiefgelaufen ist. Ermuntern Sie die anderen, spielerisch darüber nachzudenken, wie man es künftig besser machen kann. Offenbaren Sie dabei auch eigene Fehler und Verbesserungsmöglichkeiten im Unternehmen.
- **Seien Sie als Führungskraft Vorbild:** Machen Sie Pausen, so wenig Überstunden wie möglich und verlassen Sie das Büro nur selten als Letzte oder Letzter. Lassen Sie keinen Jahresurlaub verfallen und erzählen Sie selbst offen von nicht-beruflichen Aktivitäten, die Ihnen Freude bereiten.

## 9.3    Übersicht über mögliche Maßnahmen zur Prävention von Arbeitssucht

| Individuelle Maßnahmen | Maßnahmen im Team | Maßnahmen für die Organisation |
|---|---|---|
| • Konsequentes Zeitmanagement (siehe Abschn. 9.4)<br>• Emails nur noch 1–2 am Tag lesen und bearbeiten<br>• Smartphonefreie Zeiten einrichten (ggf. per App)<br>• Einrichten regelmäßiger Ruhephasen (im Kalender als Termin blocken)<br>• Regelmäßig (min. 2 mal pro Woche) einem Hobby nachgehen<br>• Regelmäßig Zeit mit Freunden und Familie verbringen<br>• Erlernen passiver Entspannungstechniken (z. B. Autogenes Training, MBSR, Meditation)<br>• Bei Bedarf Unterstützung im Einzelcoaching durch Business Coach | • Planen individueller Maßnahmen für gesundes Arbeiten<br>• Stärkere Zusammenarbeit im Team fordern und fördern<br>• Teambuildingmaßnahmen (z. B. Time Out) einsetzen<br>• Zielführendes Delegieren von Aufgaben fordern und fördern<br>• Gute Fehlerkultur pflegen (z. B. After Action Reporting)<br>• Konsequente Missbilligung von arbeitssüchtigem Verhalten<br>• Bei Bedarf Unterstützung im Teamcoaching durch Business Coach | • Leitbild für gesundes Arbeiten entwickeln und auf allen Ebenen und in allen Organisationsbereichen umsetzen<br>• Schulung von Betriebsrat und Gesundheits-beauftragten<br>• Trainings der Führungskräfte<br>• Aufbau von Selbsthilfegruppen<br>• Regeln hinsichtlich Verfügbarkeit und Medienumgang (z. B. Erreichbarkeit per Smartphone, Zugang zu Emails außerhalb der Arbeitszeit) kreieren<br>• Zielführendes Delegieren von Aufgaben als Kompetenz der Führungskräfte entwickeln (ggf. Training)<br>• Konsequente Missbilligung von arbeitssüchtigem Verhalten<br>• Stärkung des Betrieblichen Gesundheitsmanagements (siehe Abschn. 9.5)<br>• Bei Bedarf Unterstützung durch Organisationsentwickler |

## 9.4 Checkliste für einen gesunden Arbeitsstil

| | |
|---|---|
| ✓ | Ich plane meine Tätigkeiten gründlich im Voraus für die nächste Woche und verplane dabei maximal 80 % der mir zur Verfügung stehenden Zeit |
| ✓ | Ich blocke jeden Tag 1–2 Zeitfenster für Pausen und terminiere keine Telefonate oder Arbeitsbesprechungen in der (Mittags)Pause |
| ✓ | Wenn sich neue Aufgaben und Verpflichtungen ergeben, verschiebe ich andere Verpflichtungen entsprechend |
| ✓ | Ich überlege mir bei jeder Aufgabe, was genau der Kunde/Kollege/Vorgesetzte von mir erwartet und setze mir dies zu meinem Leistungsziel (nicht mehr!) |
| ✓ | Ich mache jeden Tag für einige Minuten einmal nichts aktiv |
| ✓ | Ich achte auf körperliche Anzeichen von Müdigkeit und Erschöpfung (z. B. brennende oder juckende Augen, Gähnen, Schweregefühl im Körper, erste Anzeichen von Kopfschmerzen) und nehme sie zum Anlass, eine Pause zu machen oder meine aktuelle Tätigkeit schnellstmöglich zu beenden |
| ✓ | Ich gebe (Teil)Aufgaben an meine Kolleginnen und Kollegen ab |
| ✓ | Wenn ich absehen kann, dass ich ein Ziel wahrscheinlich nicht termingerecht erreichen kann, bitte ich andere frühzeitig um Unterstützung |
| ✓ | Ich lese nur zu 1–2 festen Zeitpunkten am Tag meine Emails und beantworte nur die dringenden und wichtigen Fragen an demselben Tag |
| ✓ | Wenn die anderen Feierabend machen, verlasse ich mit ihnen gemeinsam den Arbeitsplatz oder beende meine aktuelle Aufgabe schnellstmöglich |

## 9.5 Unterstützung für Unternehmen

**Drogen- und Suchtbericht**
Die Drogenbeauftragte der Bundesregierung gibt in diesem Bericht einen Überblick zur aktuellen Verbreitung von Suchterkrankungen in Deutschland. Zusätzlich zu informativen Zahlen und Fakten finden Sie eine Übersicht über Beratungs- und Behandlungsadressen.
www.drogenbeauftragte.de/fileadmin/dateien-dba/Service/Publikationen/2015_Drogenbericht_web_010.715.pdf

**Betriebliche Suchtprävention**
Die Plattform bietet einen Einblick in die betriebliche Suchtprävention mit Erfahrungsberichten aus der Praxis und konkreten Handlungstipps für die Konzeption Ihres betrieblichen Gesundheitsmanagements.
http://www.sucht-am-arbeitsplatz.de

**Qualitätsstandards in der betrieblichen Suchtprävention und Suchthilfe**
Praxisleitfaden zum betrieblichen Gesundheitsmanagement von der Mitarbeiterberatung über Interventionsmaßnahmen bis hin zur strukturellen Einbindung effektiver Suchtpräventionskonzepte.
www.dhs.de/arbeitsfelder/arbeitsplatz.html

**Selbsthilfegruppe für Workaholics**
Die Plattform bietet spezifische Informationen zur Arbeitssucht aus der Sicht von Betroffenen und regelmäßige Termine für persönliche Meetings, Email-Meetings und Telefonmeetings.
www.arbeitssucht.de

# Was Sie aus diesem *essential* mitnehmen können

- Unterstützung für eine gesunde Einstellung zur Arbeit
- Eine Einschätzung, inwieweit Sie (oder andere) von Arbeitssucht gefährdet oder betroffen sind
- Leitlinien für Führungskräfte und HR Manager zur Prävention von Arbeitssucht
- Anregungen für präventive Maßnahmen für Einzelpersonen, Teams und Organisationen
- Tipps für die erfolgreiche Implementierung von Präventionsmaßnahmen

© Springer Fachmedien Wiesbaden GmbH 2017
U. Rademacher, *Arbeitssucht*, essentials,
DOI 10.1007/978-3-658-18925-9

# Literatur

Bakker, A. B., & Leiter, M. P. (2010). *Work engagement: A handbook of essential theory and research.* Hove New York: Psychology Press.

Bühler, K.-E., & Schneider, C. (2002). Arbeitssucht. *Schweizer Archiv für Neurologie und Psychiatrie, 153*(5), 245–250.

Cherrington, D. J. (1980). *The work ethic: Working values that work.* New York: Amacom.

Clark, M. A., & Lelchook, A. M. (2010). Beyond the big five: How narcissm, perfectionism, and dispositional affect relate to workaholism. *Personality and Individual Differences, 48*(7), 786–791.

Csikszentmihalyi, M. (2015). *Flow – Das Geheimnis des Glücks.* Frankfurt a. M.: Klett-Cotta.

Dallwitz-Wegner, D. (2015). *Unternehmen positiv gestalten: Einstellungs- und Verhaltensänderung als Schlüssel zum Unternehmenserfolg.* Wiesbaden: Springer Gabler.

Demerouti, E., Bakker, A. B., Nachreiner, F., & Schaufeli, W. B. (2001). The job demands-resources model of burnout. *Journal of Applied Psychology, 86,* 499–512.

Dißmann, P. (2015). *Psychische Belastungen im Berufsalltag. Eine Herausforderung für die betriebliche Gesundheitsförderung.* München: GRIN Verlag.

Einramhof-Florian, H. (2017). *Die Arbeitszufriedenheit der Generation Y.* Wiesbaden: Springer.

Elder, E. D. (1991). *An empirical investigation of workaholism in the business setting.* Unveröffentlichte Dissertation, University of Texas, Austin.

Fetscher, I. (1966). *Paul Lafargue – Das Recht auf Faulheit und persönliche Erinnerungen an Karl Marx.* Frankfurt a. M.: Europäische Verlagsanstalt.

Gabler Wirtschaftslexikon. http://wirtschaftslexikon.gabler.de/Definition/flow-erleben.html. Zugegriffen: 8. Mai 2017.

Gattringer, E., Gerich, J., Haider, M. R., & Arbeiterkammer, O. Ö. (2015). *Arbeiten trotz Krankheit–Einflussfaktoren und Folgen des Präsentismus.* Unveröffentlichte Diplomarbeit, Johannes Kepler Universität, Linz.

Geiler, C. (2012). *Vom Fleiß zur Arbeitssucht. Wie Arbeit den Menschen krank macht.* München: GRIN Verlag.

Gerkhardt, M., & Frey, D. (2006). Erfolgsfaktoren und psychologische Hintergründe in Veränderungsprozessen. *Organisationsentwicklung, 4,* 48–59.

© Springer Fachmedien Wiesbaden GmbH 2017
U. Rademacher, *Arbeitssucht*, essentials,
DOI 10.1007/978-3-658-18925-9

Gorgievski, M. J., & Bakker, A. B. (2010). Passion for work: Work engagement versus workaholism. In S. L. Albrecht (Hrsg.), *Handbook of Employee Engagement: Perspectives, Issue, Research and Practice* (S. 264–271). Cheltenham: Edward Elgar Publishing Limited.

Gross, W. (2016). *Was Sie schon immer über Sucht wissen wollten.* Berlin: Springer.

Heide, H. (2002). *Massenphänomen Arbeitssucht.* Bremen: Atlantik Verlag.

Horney, K. (1979). *Der neurotische Mensch unserer Zeit.* Frankfurt a. M.: Fischer.

Kahneman, D. (2013). Gewohnheitstiere. *Organisationsentwicklung, 1,* 4–9.

Kaluza, G. (2013). *Gelassen und sicher im Stress: Psychologisches Programm zur Gesundheitsförderung* (2., vollständig überarbeitete und erweiterte Auflage). Heidelberg: Springer.

Kienbaum Institut@ISM. (2015). *Absolventen 2015 unter die Lupe genommen: Ziele, Wertvorstellungen und Karriereorientierung der Generation Y.* http://www.kienbaum-institut-ism.de/fileadmin/user_data/veroeffentlichungen/kienbaum_institut_ism_studie_absolventen_08_2015.pdf. Zugegriffen: 31. Mai 2017.

Kotter, J. P. (2007). Leading change. Why transformation efforts fail. *Harvard Business Review, 1,* 1–10.

Kotter, J. P. (2013). *Leading Change: Wie Sie Ihr Unternehmen in acht Schritten erfolgreich verändern.* München: Vahlen.

Kunze, D. (2013). Burnout und Sucht in sozialen Berufen. In B. Badura et al. (Hrsg.), *Fehlzeiten-Report 2013* (S. 183–190). Berlin: Springer.

Lenninghaus, J. (2017). *Alles Geben? Eine empirische Untersuchung zur Arbeitssucht in Profisport und Top Management.* Unveröffentlichte Masterthesis, International School of Management, Hamburg.

Machlowitz, M. (1978). *Determining the effects of workaholism.* Unveröffentlichte Dissertation, Yale University, New Haven.

Machlowitz, M. (1980). *Workaholics: Living with them, working with them.* Reading: Addison-Wesley.

Matthey, L. (2013). Arbeitssucht unter Journalisten – Wenn der Kopf nie Redaktionsschluss hat. In B. Badura et al. (Hrsg.), *Fehlzeiten-Report 2013* (S. 161–171). Berlin: Springer.

Mentzel, G. (1979). Über die Arbeitssucht. *Zeitschrift für Psychosomatische Medizin und Psychoanalyse, 25,* 115–127.

Oswald, S., & Schoenewald, D. (2011). Von anpassungsfähigen Amöben bis tanzenden Elefanten. Wirkungsmöglichkeiten von Metaphern in der Wandelkommunikation. *Organisationsentwicklung, 1,* 57–63.

Pace, L. A., Suojanen, W. W., Bessinger, R. C., Lee, H., Frederick, R. P., & Miller, R. E. (1987). The type A manager as addict. *Employee Aisstance Quarterly, 2,* 47–63.

Parment, A. (2013). *Die Generation Y – Mitarbeiter der Zukunft motivieren, integrieren, führen.* Wiesbaden: Springer.

Poppelreuter, S. (2007). 2.9 Arbeitssucht–Erholungsunfähigkeit–Pathologische Anwesenheit. http://www.wissenschaftsmanagement-online.de/sites/www.wissenschaftsmanagement-online.de/files/migrated_wimoarticle/Arbeitssucht-Erholungsunfhigkeit-PathologischeAnwesenheit_9.pdf. Zugegriffen: 19. Jan. 2017.

Poppelreuter, S. (2009). *Arbeitssucht.* Norderstedt: BoD – Books on Demand.

Poppelreuter, S. (2013). Kann denn Arbeit Sünde sein? Von Überstunden und überallstunden in der modernen Arbeitswelt. In B. Badura et al. (Hrsg.), *Fehlzeiten-Report 2013* (S. 183–190). Berlin: Springer.

Porter, G. (2004). Work, work ethic, work excess. *Journal of Organizational Change Management, 17*(5), 424–439.

Rademacher, U., & Weber, U. (2017). *Mentoring im Talent Management. Win-win-Programme für Mitarbeiter und Unternehmen*. Wiesbaden: Springer Gabler.

Rademacher, U. (2014). *Leichter führen und besser entscheiden. Psychologie für Manager*. Wiesbaden: Springer Gabler.

Ragland, D. R., & Brand, R. J. (1988). Type A behavior and mortality from coronary heart disease. *New England Journal of Medicine, 318*(2), 65–69.

Robert Koch Institut. (Hrsg.). (2015). *Dritter Gesundheitsbericht des Bundes. Gesundheit in Deutschland – die wichtigsten Entwicklungen*. Berlin: Robert Koch Institute.

Rosenman, R. H., Brand, R. J., Jenkins, C. D., Friedman, M., Straus, R., & Wurm, M. (1975). Coronary heart disease in the Western Collaborative Group Study: Final follow-up experience of 8 1/2 years. *Jama, 233*(8), 872–877.

Schaufeli, W. B., & Taris, T. W. (2014). A critical review of the job demands-resources model: Implications for improving work and health. In G. Bauer & O. Hammig (Hrsg.), *Bridging occupational, organizational and public health* (S. 43–68). Dordrecht: Springer.

Schaufeli, W. B., Taris, T. W., & Bakker, A. B. (2008). It takes two to tango. Workaholism is working excessively and working compulsively. In R. J. Burke & C. L. Cooper (Hrsg.), *The long work hours culture. Causes, consequences and choices* (S. 203–226). Emerald: Bingley.

Schulze, G. (2005). *Die Erlebnisgesellschaft. Kultursoziologie der Gegenwart*. Frankfurt a. M.: Campus Bibliothek.

Schwochow, R. (1997). *Workaholics – Wenn Arbeit zur Sucht wird*. Berlin: Ch. Links Verlag.

Shimazu, A., Schaufeli, W. B., Kamiyama, K., & Kawakami, N. (2015). Workaholism versus Work Engagement: the Two Different Predictors of Future Well-being and Performance. *International Journal of Behavioral Medicine, 22*, 18–23.

Siegrist, J. (1996). Adverse health effects of high-effort/low-reward conditions. *Journal of Occupational Health Psychology, 1*, 27–41.

Siegrist, J. (2015). *Arbeitswelt und stressbedingte Erkrankungen. Forschungsevidenz und präventive Maßnahmen*. München: Elsevier.

Spence, J., & Robbins, A. (1992). Workaholism: Definition, measurement, and preliminary results. *Journal of Personality Assessment, 58*, 160–178.

Städele, M. (2008). *Arbeitssucht und die zwanghafte Persönlichkeitsstörung: Eine theoretische und empirische Auseinandersetzung*. Saarbrücken: VDM Müller Verlag.

Städele, M., & Poppelreuter, S. (2009). Arbeitssucht – Neuere Erkenntnisse in Diagnose, Intervention, Prävention. In D. Batthyány & A. Pritz (Hrsg.), *Rausch ohne Drogen* (S. 141–161). Wiesbaden: Springer Gabler.

Steiger, T. M., & Lippmann, E. (2011). *Handbuch Angewandte Psychologie für Führungskräfte*. Heidelberg: Springer.

Steinmann, H., Richter, B., & Goßmann, S. (1984). *Arbeitssucht im Unternehmen*. Diskussionsbeiträge des Lehrstuhls für Allgemeine BWL und Unternehmensführung an der Universität Erlangen-Nürnberg, Universität Erlangen-Nürnberg, Erlangen-Nürnberg.

Taris, T. W., Schaufeli, W. B., & Shimazu, A. (2010). The push and pull of work: About the difference between workaholism and work engagement. In A. B. Bakker & M. P. Leiter (Eds.), *Work engagement: Handbook of Essential Theory and Research* (S. 39–53). Hove: Psychology Press.

Tewes, R. (2015). Gespräche mit Kollegen und Mitarbeitern anderer Gesundheitsberufe. In C. von Reibnitz (Hrsg.), *»Wie bitte?«–Kommunikation in Gesundheitsberufen* (S. 77–110). Berlin: Springer.

Voigt, C. (2012). *Arbeitssucht: Persönlichkeitsmerkmale von Arbeitssüchtigen und prägende Rollenmodelle.* Saarbrücken: AV Akademikerverlag.

Zok, K., & Jaehrling, C. (2013). Wenn die Arbeit krank macht: Zusammenhänge zwischen Arbeitssucht und gesundheitlichen Beschwerden. In B. Badura et al. (Hrsg.), *Fehlzeiten-Report 2013* (S. 53–64). Heidelberg: Springer.

# Lesen Sie hier weiter

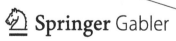

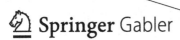

Printed in the United States
By Bookmasters